広島の復興と二葉会の軌跡

元ローカル月刊経済誌 記者
上原昭彦

広島の復興と二葉会の軌跡

はじめに

私たち広島人は〝戦後〟という言葉をすでに八十年近くにわたり、都合よく使ってきている。それでもなお、昭和二十（一九四五）年八月六日午前八時十五分、人類史上初めて原子爆弾を投下された「ヒロシマ」にとっては、特別な意味を持つ言葉であることに変わりはない。

〝七十五年は草木も生えない〟（毎日新聞の報道記事で最初に使われた）とも言われた広島が、廃墟の中から復興するのに、個々の企業の利害得失を超えてユニーク且つ大きな役割を果たした「二葉会」という企業の集まりがある。

しかし、昭和三十（一九五五）年に設立された二葉会は、戦後復興という時代の流れの中で役割は終えたとか、今日では、その存在すら忘れ去られようとする風潮が窺えるが、少なくとも敗戦後の広島復興に起爆剤的な役割を果たしたことはもちろん、今日の広島と、将来の広島を語る時に忘れてはならない事柄だと思う。その発足から平成、令和時代までの足跡を辿ってみたい。

（文中敬称略、肩書は当時）

二葉会設立時のメンバー

（氏名五十音順）

伊藤 信之氏

（広島電鉄（株）社長）

島田 兵蔵氏

（中国電力（株）社長）

白井 市郎氏

（中国醸造（株）社長
現・サクラオB&D）

田中 好一氏

（山陽木材防腐（株）社長
現・（株）ザイエンス）

橋本 龍一氏

（（株）廣島銀行頭取
現・（株）ひろぎんHD）

林 利平氏

（広島瓦斯（株）社長
現・広島ガス（株））

山本 實一氏
（（株)中国新聞社社長）

昭和42年12月
新規加入

村田 可朗氏
（中国電気工事(株)社長
現・(株)中電工）

藤田 定市氏
（(株)藤田組社長
現・(株)フジタ）

松田 恒次氏
（東洋工業(株)社長
現・マツダ(株)）

森本 亨氏
（(株)広島相互銀行社長
現・(株)もみじ銀行）

目次

第4章　令和時代の二葉会　97

おことわり

不遜にも広島経済界の一側面史にもなる「二葉会のあゆみ」について、見聞したことをまとめました。戦後七十八年の広島の復興過程で起爆剤的な役割を果たしたにも関わらず、特別の規約も設けない独特な親睦団体のためか、近年ではその存在を知る人も少なくなっています。

内容や表現の未熟さは重々承知していますが、何かの形で検証素材になればとの思いからまとめたもので、内容についての見解は著者個人に帰することをおことわりします。

第1章　二葉会のおこり

新春座談会

時は昭和二十八（一九五三）年正月四日の午後六時四十分から七時までの二十分間のことである。前年の十月一日に本放送を開始した広島初の民間のラジオ放送局「㈱ラジオ中国」（現・中国放送）が開局後初めての正月番組「新春座談会―初夢を語る―」を放送した。

ラジオ中国としては初めての正月番組であるだけに、その企画への強い思い入れは想像に難くない。出席者は田中好一、山口文吾、そして濵井信三らという人選などがそれを如実に表している。

田中好一（山陽木材防腐〈現ザイエンス〉社長）

田中好一は山陽木材防腐㈱（現ザイエンス）のオーナー社長。同社は木材に防腐剤を注入した電柱や、国鉄のレール下の枕木などを製造・販売する業界トップクラスの企業でもあり、一面では戦後復興特需企業でもあった。

山口文吾は、昭和二十（一九四五）年八月六日、広島瓦斯㈱（現広島ガス）社長を務めていた実父・吾一を原爆の直撃で亡くしている。文吾は陸軍主計少佐で終戦、中国大陸から復員して広島発祥の中国塗料㈱に一年半常務取締役として籍を置き、昭和二十五（一九五〇）年から広島証券

濵井信三（広島市長）

山口文吾（後の広島瓦斯社長）

金融㈱の専務取締役に就き、大阪証券金融に合併されたのちも専務として広島に駐在した。

その後、昭和三十八（一九六三）年三月十八日には広島瓦斯の社長に就任する人物。ただし、瓦斯の常勤取締役に就いたのが、昭和三十二（一九五七）年八月二十八日だから、この時はまだ瓦斯の山口ではないが、当時は中区基町の広島瓦斯本社ビル（千代田生命ビル、現合人社ビル）の一角にあった喫茶「ガスサロン」で、広島の戦後復興について熱く議論する若手経営者グループの一員であった。

濵井信三は広島市職員として敗戦時には配給課長を務めていた。戦後は木原七郎市長時代に助役を務めていたが、昭和二十二（一九四七）年の第一回公選市長選挙に推されて出馬し初当選。以降、一期四年間のブランクを除き、通算四期十六年間広島市長を務めて復興の基礎を作った人物である。初夢を語りあったのは濵井市政二期目の任期中である。

〝初夢〟を語る

初夢を語る座談会の当日、田中好一は、

「広島には、人が集まろうと思っても適当な会場がない。私の年来の夢は、広島に立派な公会堂とホテルと物産陳列館をつくることだ。県か市が早く公会堂を作ってはどうか」

と、初夢にかこつけて持論を展開した。

市長の濵井信三は、

「私も市長の立場から、公会堂はぜひ建てたいと思って、これまで国の補助金を要求して来たが、どうしても認めてくれなかった。されば と言って、市費で建てることは当分見込みがないし、諦めているところだ」

という趣旨のことを話している。

当時の広島市は、被爆による甚大な被害からの復旧、とくに、平和都市建設事業の推進、道路・橋梁・下水道等の維持管理、学校・住宅建設の促進などの復興事業に追われて財政的に余裕があろうはずもなく、昭和二十七（一九五二）年度は「戦後最も困難な財政状況に置かれていて」（昭和二十七年版市勢要覧）、公会堂建設の初夢は所詮、初夢で終わる運命にあった。

ところが、この座談会での田中の発言には一つの布石があった。

座談会の一ヵ月前、同二十七（一九五二）年十一月に九州電力の「電気ビル」で開かれたロータリークラブの中国・九州地区大会に広島から出席した田中好一、松田恒次（東洋工業社長・現マツダ）、藤田定市（藤田組社長・現フジタ）、白井市郎（中国醸造社長・現サクラオＢ＆Ｄ）、山口文吾、それに入会したばかりの正岡旭（医師）や松井五郎（広島重工社長、後に戸田工業社長）などは、会場の豪華さに圧倒されていた。

田中好一は大会の合間の昼時間に、広島から参加したメンバーを「電気ビル」屋上に呼んで、

松井五郎（広島重工社長）
（後の戸田工業社長）

「来年は広島で大会を受けてくれと言われているのだが、どうしょうか。広島でやるとなると、何処でやるか、千人もの人を集めてやるところはないし…どうしょう」

と、会場のことを相談している。

その時の状況について、前年の昭和二十六（一九五一）年に弁護士だった父繁太郎の友人の推薦でロータリークラブに入会したばかりだった松井五郎は、

「戦後もやっと落ち着いて、外国から次々と世界的な演奏家などが（地方に）やって来るが、みな広島を飛び越えて大阪から博多か宇部の渡辺会館（注・山口県宇部市の発展に貢献した宇部興産の創業者渡辺祐策を顕彰して昭和十二年に建築）へ素通りしてしまうのが現状です。悔しいです。ついてはこの際、是非思い切って公会堂をつくって下さい。お願いします。私は兵隊として働きます」と田中好一に熱弁を振るったと記憶している。

それに対して田中は「そうだなぁー、おい皆考えてみるか」と言うような返事をしているが、何となく公会堂建設の雰囲気が芽生えてきたというのが松井の回想である。

当時の広島の集会場施設と言えば、唯一旧帝国陸軍第五師団の西練兵場跡に兵器工場を解体して移設した木造の広島児童文化会館（現広島市こども文化科学館）があるのみという状態であった。「初夢を語る」座談会が行われたのは、九州でのロータリークラブの大会から約一ヵ月後である。広島ロータリークラブの会長でもある田中好一の胸に、会場のことが気がかりになっていたのは明らか、初夢に託して公会堂建設を語るのは自然な成り行きである。

ところが夢が夢でなくなったのは、広島での大会開催まで一年しかないと思っていたところへ、ロータリークラブの地区分割があり、昭和二十九（一九五四）年の合同大会が京都で開かれることになり、広島開催が一年延びることになったのである。建設に向けて時間的猶予が生まれれば俄然気持ちの入れ方が変わってこようというものである。

　ラジオ中国の発起人メンバー（当初は実父の松田重次郎）でもあり、株主にも名を連ねていた東洋工業〈現マツダ〉の松田恒次も初めての正月放送を聞いていた。

　恒次は田中に、

「（市が直ちに建設できないのなら）わしらでやろうやないか。亡くなった親父も、広島に何か残したいと言うとったんや」

　と、積極的な気持ちを伝えた。

　松田は前年の昭和二十七（一九五二）年三月九日、東洋工業の実質創業者である、実父の重次郎を七十七歳で亡くしている、父親の遺志を心に抱いていたのであろう。

　松田の積極的な気持ちを知った田中は、ロータリー大会の会場探しから始まった話だけに、ロータリーメンバーを中心に募金集めを考え、まず、最初にロータリアンに声を掛け始めた。

　しかし、なにしろ時間的余裕がなく、何回か話し合いをしているうちに、

「ちょうど良い機会だから、広島の財界で公会堂をつくって市に寄付しよう」

「……それが良かろう…」

　という、自然と結束への流れが出来つつあった。田中、松田の呼びかけに応えたのが当時の広島の有力企業十社、十人である。

田中、松田に続いて、白井市郎、島田兵蔵（中国電力・社長）、橋本龍一（廣島銀行・頭取）、藤田定市（藤田組・社長、現フジタ）、伊藤信之（広島電鉄・社長）、森本亨（広島相互銀行・社長、現もみじ銀行）、林利平（広島瓦斯・社長）、そして山本實一（中国新聞社・社長）の十人である。

あくまでも法人としての十社だが、何よりも廃墟の中から立ち上がろうとする広島の経済人としての魂のなせる業である。

「ただし、各社にそれぞれ事情があろうから、各社の寄付額は公表しない」

ということも申し合わせている。

昭和二十八（一九五三）年五月ころのことである。このことが「二葉会」の芽生えである。

当事者の言葉で補足しておこう。昭和三十四（一九五九）年一月六日、当時の広島経済界で「御三家」と称されていた田中好一、松田恒次と白井市郎が、自らが建設に主導的役割を果たした広島市公会堂に併設された新広島ホテルで鼎談をしている。その中で「初夢・座談会」についての田中好一の言葉を紹介しておきたい。

「ラジオ中国の座談会に呼ばれてね、その時には、前市長の濵井市長も同席していたと思うんだが、松田さんの方からは、河村郷四常務が来ていたんじゃなかったかね、とにかく六、七人で集まって〝初夢を語る〟というのをやってくれというわけだ。ところが、誰かが見ただろうと思うてみんな行ったんだが、誰も初夢をみたものがおらなんでね。そこで、これでは話にならん、座談会にな

広島経済界の御三家鼎談（左から松田恒次、田中好一、白井市郎）

らんと言うので、わたしに『田中さんひとつ話をしてくれ、そうせんとこの場が困る』と言うんだ。

それではというわけで、『わたしは初夢はみなんだが、そのかわり、長い大きな夢をみとる』と言って『公会堂とホテルをつくりたい』と話したわけだ。『われわれ財界人も、社会的に相当恩恵を蒙っているから、何かひとつ残そうじゃないか〝こういう会社にはこういう社長がおったげな〟というようなことでは、世間に対して済まんじゃないか』という話をしたんだね。ところがそれに対して、非常に共鳴が得られた。それには、その一、二年先にロータリークラブの大会を広島で引き受けねばならんということもあり、公会堂でもなければ、その大会を引き受けられん、そこで、これは丁度ええじゃないか、というので話しがまとまったんだ。

それからずっと十社がはっきり手を組んで来た」と語れば、白井も「松田さんが大きく踏み出してくれたんで、皆が乗り気になって出来た」と振り返り、広島弁丸出しの回想は貴重な歴史の証言である。

広島市公会堂の建設

公会堂建設には、㈱熊平製作所（熊平源蔵社長）、㈱福屋（本田三郎社長）、㈱石崎ガラス（石崎五郎社長、現石崎本店）などの地場企業や、大阪の久保田鉄工㈱（現クボタ）など県外の協力者も含め、広島ロータリアン十六人、広島市民四人、東京、大阪のロータリアン各一人の合計二十二人の協力を得ている。

石崎五郎（石崎本店社長）

建設場所は、濵井が「平和公園をつくるとき…公会堂の予定地だけはあけておこう、私の時代にそれが建たなくても、次の時代のものが必ず建ててくれるだろう」と思い描いていた平和公園内の西側に、財界と相談して決めた。規模は鉄筋コンクリート五階建て、建築面積二千八百九十

広島市公会堂

平方メートル、延床面積七千八百十四平方メートル、千七百人収容可能。ホテルを併設した公会堂は昭和三十（一九五五）年二月、総工費三億二千二百四十五万二千円で完成した。二葉会として結集する十社が二億九千万円を寄付し、そのうち松田恒次が寄付したのが一億円であったことも記しておく必要がある。

そのことについて後に松田恒次は「東洋工業が出資した金額は申し上げられないが、そのころにしては相当なものであった」ことや、マツダ会館にしたらという声もあったが、あくまで広島県・市民のもので「お金は出すが、東洋工業のものではない。それではわれわれの気持ちが通じない」と回想している。

そうした寄付の状況を見ていた松井は、僅か十数人のロータリアンの寄付を黙って見ているわけにもいかなくなってロータリーの一般会員に呼びかけて百万円くらい集めて渡そうとしたら「皆に無理をさせるわけには参らぬ、トットと持ってかえれ」と言われたとオーナー経営者のパワーを実感したと回想している。

さらに建設途中に、大阪ロータリークラブの日本板硝子の中村社長からは「原爆で廃塵に帰した広島人の公会堂をつくろうと立ち上がったことに痛く感動した」として、窓ガラスの寄付の申し出があったとか、その話を聞いた大阪の百貨店大丸の里見社長からは観客席用の椅子全部の寄贈があり、新大阪ホテルの山本為三郎社長からも数十本の見事な三脚万国旗が贈られたと松井は詳細に記憶している。

もう一点、なぜ大阪の久保田鉄工が協力したのかも記しておこう。

当時の久保田鉄工㈱社長の小田原大造が広島県出身であったという事情が大きいようである。小田原は明治二十五（一八九二）年十一月十日、尾道の向かいにある御調郡向島東村（現尾道市）に生まれている。病弱で二度も休学したが尾道商業を卒業後、文検で中等部の教員資格をとって教壇にも立ったが、大正五（一九一六）年、関西鉄工に入社。

その関西鉄工が久保田鉄工に買収されたが、久保田鉄工の経営者久保田権四郎や、支配人須山会三が、いずれも因島（現尾道市）出身という事情も大きかった。苦闘と努力の連続であったが昭和二十五（一九五〇）年には久保田鉄工の社長に就き、昭和三十五（一九六〇）年十一月から二期六年間大阪商工会議所会頭も務めている。久保田鉄工中興の祖と言われ、義理人情に深い立志伝中の広島人であったことは広島にとって幸いであった。

小田原自身も幸運ではあったが、その幸運を運んだ人のことも改めて記憶に留めて置く必要がある。その人とは、久保田鉄工創業者の久保田権四郎である。権四郎は明治三（一八七〇）年十月三日、旧因島市大浜町で大出権四郎として生まれ、明治二十三（一八九〇）年に大出鋳物を創業し、同二十七（一八九四）年に大出鋳造所に改称しているが、明治三十（一八九七）年に久保田家の養子に入り、社名を久保田鉄工所に改称している。

その後に個人会社から株式会社に改組して初代社長に就任したのが昭和五（一九三〇）年である。昭和二十四（一九四九）年に相談役に就任しているが、小田原大造が二十五（一九五〇）年に社長に就任していることからも両者に深い結びつきが窺える。昭和三十四（一九五九）年十一月十一日に死去している。

没後四十四年後の平成十五（二〇〇三）年には、郷里・因島市から郷土の小学校、敬老会館などの施設、埋め立て道路、防波堤、橋などをはじめ、郷土出身者の雇用などで郷土発展に貢献した人物として名誉市民に推挙されているが、いささか時間の隔たりを感じさせると言わざるを得ない。時あたかも平成の市町村大合併で、平成十八（二〇〇六）年一月十日付けで尾道市との合併を控えた因島市が「我がまちの先人」として「名誉の処遇」をしたというところだろうか。

広島人が設計

シンボリックな公会堂について、もう少し補足しておこう。

建築設計が、平和公園全体の設計者だった東京大学の丹下健三助教授ではなかったのは何故か、という疑問が残る方も多いだろう。

そこには、公会堂をロータリー大会に間に合わせたいという寄付者側と、公園全体の構想のなかで熟考を重ねたい丹下との間に捉え方のズレが生じたと言われている。時間的に間に合わない多忙な丹下に代わり、寄付者側の意向として地元広島の白土建築事務所の柴田斉男が起用され、連続の徹夜作業によって四カ月で設計図を完成させている。昭和二十八（一九五三）年九月二十日に地鎮祭を行い、十一月二十八日起工式へと進み、建設は藤田組が突貫工事で施工したのは言うまでもない。

もう一つ、公会堂にホテルが併設されることについては、当時の広島市の台所事情を物語るエピソードが秘められている。

公会堂建設が本決まりになり、完成後に広島市に寄贈することが現実味を帯びてくると、市議会議員の中から、その後の維持運営費の財源を問題にして、この財政難の折には寄贈を受けるべきではない、などの議論が出るなどして議会が混乱した。

そこで考えられたのがホテルの併設である。いわば、公会堂の維持費捻出のために考えられたのがホテルの経営であったのである。それでも部屋数二十四、ベッド数三十九ではホテルとしての経営は当初から困難が予想された。その困難な経営を引き受けたのが新大阪ホテル社長の山本為三郎である。山本は大阪ロータリークラブのメンバーであったが、大阪ロータリーは広島ロータリーのスポンサークラブという関係にあった。

山本為三郎の提案で、資本金千五百万円の「株式会社新広島ホテル」を設立し、資本金の半分を新大阪ホテルが負担して、残りを地元財界が出資することでスタートした。これが後の「広島グランドホテル」（広島市中区上八丁堀）の経営母体であり、現在の「リーガロイヤルホテル広島」（広島市中区基町）へと引き継がれているのである。今日でもリーガロイヤル広島の社外役員に二葉会企業の名がみられるのはその名残りである。

余談になるが、昭和三十七（一九六二）年五月に完成した「広島グランドホテル」は、地上八階、地下一階で、客室百三十室、ベッド数二百五十、総工費八億円という当時の広島にとっては最高級のホテルであった。宿泊料金は一人千五百円から最高が二人で七千円と記録にある（昭和三十七年当時の株式会社新広島ホテルの資本金は六千万円、社長山本為三郎以下、地元からの役員は、常務に大橋正義、社外取締役に林利平〈広島瓦斯〉、石﨑五郎〈石﨑本店〉、田中好一〈山陽木材防腐〉、松田恒次〈東洋工業〉、監査役に白井市郎〈中国醸造〉の名前が見られる）。

贈呈された後の公会堂の維持費を心配した広島市は、ホテルからの純益の二割を賃貸料として受け取るか、もしその金額が年間百万円に満たない時には、新広島ホテルが百万円を市に納める条件を取り付けている。

公会堂は昭和三十（一九五五）年二月二十三日、東洋工業講堂で開かれたロータリー創立五十周年祝賀会で、「広島市公会堂」として広島市に寄贈された。ロータリークラブは十月二十八日から三十日まで第六十四地区大会を公会堂で開催している。

市長濱井信三は、のちに著書「原爆市長」（昭和四十二年十二月刊）の中で、

「戦後日本の経済状態から見て、地元財界にしても決して楽な資金の捻出ではなかったはずである。それを、あえてこの挙に出た広島財界を、私は広島の誇りに思っている。この公会堂ができたために、市民の生活にどれほど潤いを与えたことかと思うと、ただただ感謝にたえない」

と、率直な気持ちを記している。

昭和三十（一九五五）年三月一日に催された広島市公会堂の柿落としの様子を、地元の放送作家吉田文五は、国際会議場への改築を前にした昭和六十一（一九八六）年四月に「さらば、広島市公会堂」と題して、

「公会堂を寄贈した広島財界の関係で、広島券番のきれいどころが動員され、めでたい御祝儀もの の清元の『式三番叟〈しきさんばそう〉』や、常磐津の『子宝三番叟〈こだからさんばそう〉』

広島グランドホテル

などが演奏され…〈略〉歌謡や民謡なども、華やかに披露された」

と、記録に留めている。

なお、この新広島ホテルが、公会堂でのホテル事業を閉鎖したのは新広島ホテルが経営していた広島グランドホテルの新館（昭和四十八年七月）の完成に合わせてである。公会堂にホテル機能を併設した当時は、時代の要請に応じるという事が優先したが、昭和三十一（一九五六）年に施行された都市公園法により、公園内でホテル施設を運営することは公園法に違反するのではないか、などという行政訴訟が昭和四十六年頃から市民の中から起きるなどの事情があり、本格的ホテルの完成に合せて、当時の郡司茂社長が決断したものである。

その後の広島グランドホテル跡地は平成十六

（二〇〇四）年四月、地元の不動産会社によって「アーバンビュー・グランドタワー」という高さ百メートルの複合型コンドミニアムに生まれかわった。

二葉会の誕生

公会堂の建設は、戦災復興に取り組む広島経済人の力を自らが認識することにもなった。

当時はいろいろな所から企業への寄付金の申し入れが多く、各社が個別に対応していたために、その都度他社の動きや、金額を気にかけていた企業は、寄付の窓口の一本化の必要性を感じていたのも事実である。

昭和三十（一九五五）年二月に完成した公会堂は三月一日に竣工式を挙行し、同時に一式を広島市に寄贈した。この時、建設に奔走した経済人は改めて、

「今後も郷土の発展のため公共事業に金を出そう。そのため、われわれの地元企業でひとつグループを作ろうじゃないか」

と、結集を再確認したのが前記の十社である。これが「二葉会」の誕生である。企業規模、業態に合わせて中国電力、東洋工業、広島銀行を除く七社が均等に寄付する場合、御三家は倍額という不文律も出来ている（その後に御三家以外に割合の多少の変化があったようである）。

ちなみに、「二葉会」という名称は、会合を開いた東区二葉の里にあった高級旅館「芙蓉別荘」

から望めるＪＲ新幹線駅北口六百メートルにある、標高百三十九メートルの〝二葉山〟からとったとされている。歌手の〝二葉あき子さん〟の命名と同じような意味合いだろう。

発足した二葉会は特段の会則を設けず、会長職も設けず、ただ長老格の田中好一が代表者的役割を果たし、事務方は商工会議所専務理事の横山周一が務めた。

横山周一（広島商工会議所専務理事）

田中は終生代表世話人と見なされ、その役割を担い、広島県竹原市忠海町出身でのちに第五十八代内閣総理大臣に就任した池田勇人に「安芸の国守」と言われるほどの信頼関係が出来あがった。そこには表裏一体に松田恒次が果たした役割は大きく、そのうえ池田の選挙地盤が酒都西条であることから、西条の酒造会社が、大蔵省出身の池田の選挙戦を全面的にバックアップし続けたことなども、その後の広島財界の人脈形成に大きな役割を果たした。
事務方は横山の後も、黄幡良治などの歴代の広島商工会議所専務理事が務め、それは今日まで続いている。これには広島商工会議所会頭が結果的に二葉会企業の持ち回りで選出されてきたために、事務方が会議所専務の役割になったという事由がある。

この会頭持ち回りについては、〝二葉会の独占〟などとの一部批判も出て来たが、それだけ地域経済の復興と振興に責任を負ってきたという証でもある。

実はそのことについて商工会議所専務理事の横山周一が昭和四十一（一九六六）年一月、当時の広島大学政経学部長伊藤満教授との対談で次のように答えているので紹介しておこう。

「二葉会が牛耳っているという非難もあるがそんなもんじゃないんです。ある会社が〝二葉会はいいな。ことごとく名誉の象徴みたいに言われて…二葉会に入れてくれ〟と言って来たので喜んで入会して頂きました。広島に欠くべからざるものとか、小学校の窓ガラスを入れたいというような時に、二葉会は、我々はここで産業をやり、ここで儲けたのだから、地元に奉仕しようというので創られたのです。公の奉仕援助をする会なのです。ところが、新たに加入された二つの会社は驚いちゃって逃げ出しました。名誉を受けることには顔をだすが、寄付は出さないのです。というようなことで、二葉会の批判は当っていません。広島の財界を代表している二葉会は加入を拒否してはおられません」

と淡々と述べている。固有名詞を明らかにしていないのは言うまでもない。

中国電気工事の新規加入

十社で発足した二葉会への新規加入は、結局中国電気工事㈱（現中電工）のみである。

昭和四十二（一九六七）年十一月二十四日付で中国電力副社長の村田可朗が、中国電気工事の香川一以社長の後任として三代目社長に天下った。中国電気工事が村田社長の就任を機に、中国電力の桜内乾雄社長の推薦という形で、年末恒例の二葉会の忘年会で十一番目の会員として認められている。

その間の事情の一端を村田の言葉から引用

村田可朗（中国電気工事〈現中電工〉社長）

桜内乾雄（中国電力社長）

すると（昭和四十三年三月二十七日談）、
「桜内さんが（二葉会に入っても規模などは中くらいだし、顔を広くせんといけない、と言って）松田社長に言うてやろうということだったが、松田さんも賛成してくれて田中さんへ電話をかけて了解を得て、昨年暮の総会でＯＫになった」

中国電気工事の三五％（当時）の筆頭株主が中国電力であることから入会に異論があったのも事実である。その訳は、仮に二葉会で何かを決議するような事が出てきた場合、メンバーの中にグループ企業があると決議の大勢に影響するのではないか、というものであった。そのような指摘に対して、〝資本構成上はどうであれ、そんなケチな行動はしないし、要求もしない〟という桜内社長の言葉を了承して、入会の運びになったと伝えられている。

田中好一代表世話人も中国電気工事の入会について

「村田氏は中電の副社長時代から気心は知れていて、仲間入りにはどこからも異論は無かった」

とし、「二葉会は寄付団体として創設したもの…広島市のために寄付を出そうという会社があれば仲間にいれる」と話している。

第2章　広島の復興を支えた二葉会

二葉会の寄付行為

広島市公会堂に続く寄付行為は、県民・市民への利益の還元とはいえ、現代にいうメセナの原型と言えるのではないか。

その他、広島大学の学部増設に対する広島経済界の支援活動でも中心的役割を果たし、物心両面で広島地域経済社会の復興に大きな足跡を残している。

独占の批判以上に、広島の復興に協力した側面は認めざるを得ない。仮に、平成の今日試算でもしてみれば、現実味を帯びて理解できるのではないだろうか。

公会堂に続いて二葉会の寄付行為のうち公的なものを主に揚げておこう。

①広島県庁建設資金の寄付（昭和三十一年四月十九日落成）
②旧広島市民球場建設資金の寄付（昭和三十二年七月一日落成）
③広島バスセンター建設の寄付（現在と同じところにあった前バスセンター、昭和三十二年七月二十三日完成）
④本願寺広島別院の再建協力（昭和三十九年十一月完成）
⑤旧広島空港ビル建設資金の寄付（現在の広島へリポート、昭和三十六年九月十五日開港）
⑥広島県立体育館の建設資金の寄付（現在のグリーンアリーナの前の建物、昭和三十七年六月

旧広島大学正門

二日落成）
⑦国鉄山陽本線の電化工事〈福山〜広島間〉の建設債の引き受け（昭和三十七年六月十六日完成）
⑧県立体育館屋内プール建設資金の寄付（昭和四十年八月六日完成）
⑨広島民衆駅ビル建設資金の寄付（昭和四十年十二月一日完成）
⑩広島県立美術館建設資金の寄付（現広島県立美術館の前身、昭和四十三年九月二十一日落成）
⑪広島県立産業会館の建設資金の寄付（昭和四十五年十月十一日開館）
などがある。広島市青少年センターにおいても資金面で主導的役割を果たしている。

その他、平成時代になっても外目には目立たなくなっているが、地元イベント、地域振興事業への寄付・支援として二葉会は不文律の割合において協力し続けていることも記しておく必要がある。

旧広島空港と二葉会

昭和三十六（一九六一）年九月十五日に供用開始した旧広島空港（西区観音新町）にも二葉会の関与があった。その傍証をあげて、旧広島空港建設の音頭をとった二葉会の動きを見ておきたい。

昭和三十（一九五五）年に誕生した二葉会は会としての定例会議があるわけではないが、新年

広島民衆駅ビル

会は恒例行事となっていた。その新年会で、広島空港建設の口火が切られている。昭和三十一（一九五六）年度から実施される予定の空港整備法を踏まえて、広島にも空港建設をという意見が出された。このことを時の大原博夫県知事に要望すると、大原知事はすかさず「自分としても広島空港建設は二、三年前から考えていたことでもあるから、是非実現したい」と前向きな対応をしたことで一気に建設への方向性が生まれている。

大原博夫（広島県知事）

この間の事情をよりリアルに記して置きたい。

昭和三十一（一九五六）年九月に広島県、市、財界、商工会議所の四者で「広島空港建設促進期成同盟」が結成され、会長に大原知事、副会長に渡辺忠雄広島市長と商工会議所の白井市郎会頭（中国醸造社長）が就任している。そこで第一の課題は空港の場所をどこにするかの議論。当初は西条（現東広島市）の八本松付近も調査したようだが、気流が悪くて飛行場には不適当ということで取りやめ、西区南観音町にある十万坪の県有地に白羽の矢が立った。

この場所は将来工場用地にという構想があった土地だった。とは言えもともと沼地で、昭和十三（一九三八）年か

旧広島空港

ら埋め立て事業にかかっていたが、戦時中の昭和十八（一九四三）年から工事を中断して、葦の生え茂った沼地を飛行場用地に決定した。県は坪千円で計算し、一億二千万円分を現物提供することにした。

ところが既に一部埋め立てて売却し、建築物がいくらかできていた。これら既存建物の移転が前提になったが、結局移転のための費用を寄付したのが二葉会である。移転したのは国の職業補導所（現職業訓練所）やラジオ中国（現中国放送）の送信所、中国電力の高圧線鉄塔などが対象になった。二葉会が誕生して間がない時だけに、地域振興への強い思いがある。田中好一の言葉によると、「職業補導所の移転費用に五千万円、漁業補償に三百五十万円、中電の送電線鉄塔を地下ケーブルにするのに二千四百万円、その他埋め立て経費を含めて約一億円」との証言がある。空港ビル建設についても、県の総務部長として取り仕切った佐藤秀雄は「総工事費約九千万円、このうち地元負担の八千万円を県と財界で折半し、残りの一千万円を国が持って、ビル内に収容する運輸省の航空保安事務所の建築に充てた」と証言している。

空港ビルの運営方式を巡って、県営案、民営案、半官半民案と曲折があったが、その辺の事情を当事者の言葉で窺うことが出来る。

田中好一は、経営方式について知事公舎の貴賓室で知事と県議会議長から相談を受けた時の状況を次のように話している。

「どうせ赤字の会社だ。折半すると、上手く行けば良いが、赤字が出れば財界の者の経営が悪いということになりかねない。一家で米ビツにコメが一杯ある時は円満に行くが、米ビツの底を枡でガラガラするようになったら、言い争いが絶えないようなもので、かえって県と財界が仲違いさせるようになるから、県だけでおやりなさい。（私は）お断りする」と言ってその場を退席したと話している。それでもなお知事から是非半額出資してくれと頼まれたので「それほど県が言われるのなら協力させて頂こうということで折半出資の話が成立した」と内情を語っている。

続いて話は、空港ビルの初代社長について田中好一は、最初は大原知事に就任要請したら、「私は公務員ですから…」と言われ、その後に「どうしてもいけませんわ」と返事があった。ところが、ビルの竣工式が近づいてきても、その案内状を出そうにも出しようがない状態になったので、財界人に集まって貰って「くじ引き」で決めようと提案したが「当たったらこまるから引かん」というような状況でまとまりがつかない状況だった。

その時に、廣島銀行の橋本龍一頭取が

「とにかく田中さん、こういう仕事をやるのは、あんたしかおりゃせんけえ」と言って、みんなから空港ビルの社長を推しつけられたと、（案内状社長）誕生を笑いながら披露している。

と言うように、単に親睦団体として寄付行為の割り当てをしていただけでなく、広島の都市機能の充実に深く関与していたことを裏付ける一面であろう。

本願寺派広島別院復興事業

昭和三十九（一九六四）年十一月に完成した、本願寺派広島別院の復興事業に二葉会は協力している。昭和三十三（一九五八）年には田中好一を委員長に復興委員会を立ち上げている。その間の事情を、当時の財界御三家の鼎談（昭和三十四年一月六日、新築間もない広島市公会堂）で、白井市郎は「われわれは安芸門徒じゃからね、落ちつくところをそろそろ…」準備しておかないと、冗談話めかして話せば、田中好一は「われわれ広島の者は、どうにか家は復興してきたが、あの別院に行ってみりゃ、バラックでね。雨は漏るし、畳は腹が出ておるしね、あれじゃわしらも安芸門徒として済まんのじゃないかね」と再建に取り組んだ一面を語っている。

経済白書が「もはや戦後ではない」と宣言したとは言え、まだまだ復興途上の時代に、単に外見だけでなく、精神的な側面にも深い思いを致していたことが窺える。

二葉会とテレビ局

二葉会の公共施設への寄付行為は、「金も出すが、口も出す」という側面から、広島経済界での権力・権威も生まれ、その結果色々な批判を生む一因にもなった。

その中で、

「二葉会は寄付団体だ、親睦団体だと言うけれど、実態は利権団体だ」

というのが典型的な言葉である。

見方によれば、確かにそのように受け取られかねない一面がないこともない。他方、全滅した広島の復興に協力する事は、取りも直さず自社の復興のためでもあったはずである。そのためには、まず経済力のある者が先頭に立って走り、後続者への道を開いていくという大きな役割があった。二葉会結成に加わった当事者は、不思議とその手柄的な経緯については多くを語っていないが、それでも田中好一の言葉に

「企業の壁、利害、得失を超えた心情なんだよ。郷土を思う心は誰も同じ、消えることがない」

と、廃墟の中で芽生えた共生の形の一つが二葉会であったと語っているのが印象的である。

そうした事情を踏まえ、その後に二葉会が設立に参画した企業についてみておきたい。

テレビ局編

㈱中国放送

昭和二十七（一九五二）年五月一日設立であるから、ここでいう二葉会としての関与はないが、発起人十一人のうち八人は後に二葉会構成メンバーになっている。昭和二十五（一九五〇）年十二月に「広島平和放送局」で発起人会を開き、「広島放送」で免許を受ける

が、間もなく「ラジオ中国」に社名変更し、全国十六番目、中国地方初の民間放送局としてスタートした。本放送は昭和二十七年十月一日午前六時三十分から始まった。新聞社は中国新聞社を中心に、朝日新聞、毎日新聞が協力社となった。初代の会長は発起人代表の藤田定市、（当初の藤田一郎の実弟）に、社長には山本實一中国新聞社社長が就任した。

その後、時代の要請を受け、昭和三十二（一九五七）年十月二十二日からテレビ局を併設している。トップ人事は中国新聞社の人事に連動して、築藤鞆一、内田一郎、岩崎一太、山本満夫、平岡敬、堀口勲、金井宏一郎、安東善博、平成二十三（二〇一一）年六月から青木暢之、平成二十七（二〇一五）年六月から畑矢健治、平成二十九（二〇一七）年十月十日から中国新聞社専務の岡畠鉄也が社長に就任。前任の畑矢は中国新聞社に帰任し、平成三十（二〇一八）年三月に同社の副社長に就任している。藤田定市と山本満夫を除いて中国新聞社出身者で占められている。

広島テレビ放送㈱

昭和三十四（一九五九）年四月十日の皇太子（平成天皇）御成婚が急速に日本中にテレビを普及させた。そうした時代の昭和三十七（一九六二）年九月一日、広島で二番目の民間放送局として開局。国民生活にテレビが根付くと、テレビ局も利益の見込める事業として全国紙の開

ラジオ中国社屋(現中国放送)

河村郷四（広島商工会議所会頭）
（後の広島テレビ放送社長）

永野巌雄（広島県知事）

局への攻勢はすさましくダミーも含めて地元からも多くの申請があった。

大原博夫県知事を引き継いだ永野巌雄知事と共に調整に当ったのが二葉会である。その結果、社長に県総務部長の佐藤秀雄を当て、専務には広島商工会議所専務理事の横山周一が就任。株主は二葉会企業と、福山・呉経済界の代表が加わり、読売新聞社と産経新聞社の協力局としてスタートした。

しかし、佐藤社長と横山専務は営業方針についての考え方が一致せず、ギクシャクした関係になり、昭和四十三（一九六八）年九月に両者が引責辞任したが、それには読売新聞社と産経新聞社と経営の主導権争いもあったかも知れないが、またもや二葉会の出番を作った。昭和四十二（一九六七）年十二月に商工会議所会頭の任期を終えた河村郷四（東洋工業・専務）を迎え、翌年十月に社長に就任した。佐藤社長と同時に辞任した横山専務は、翌年設立さ

山本和郎（広島テレビ放送社長）

吉野友巳（広島テレビ放送社長）

れた広島綜合警備保障㈱の初代社長に就いている。いずれも二葉会人事である。その後の社長は、吉野友巳（読売新聞社系）、山本和郎（読売新聞社）、藤川魏也（読売新聞社）後藤文生（読売新聞社）、福島真平（日本テレビ）と続く。

平成二十三（二〇一一）年六月に就任した三山秀昭（読売新聞社）は、本社をＪＲ広島駅北口への新築移転することを決断した。平成二十九（二〇一七）年六月に佐藤讓顯（日本テレビ放送）が就任している。

㈱広島ホームテレビ

超短波（ＵＨＦ）局として、昭和四十五（一九七〇）年十二月一日開局。まだ確実に利益が出せる事業として全国紙を中心に競願が四十二社に及び、調整役の永野巌雄広島県知事が一本化に苦慮した。昭和三十九（一九六四）年に「瀬戸内海放送」として免許申請を行い、昭和四十四（一九六九）年十二月に商号を「㈱広島ホームテレビ」に改めて会社を

山田克彦（広島ホームテレビ社長）

宮田正明（広島ホームテレビ社長）

設立した。

ここでも田中好一、松田恒次らが調整役を果し、初代社長に宮田正明（広島銀行・専務）を指名したのも松田恒次の推薦によるものである。資本金五億円は中央が二五％、広島、呉、福山の地元経済界が七五％保有したが、その中に広島県同栄社共済連が一枚加わったことを記しておきたい。

新聞社は中国新聞社と朝日新聞社系で開局を迎えたが、のちに、中国と朝日との間で、中国放送の株式との交換が行われ、現在ではホームテレビは朝日新聞社系に、中国放送は中国新聞社系を鮮明にしている。社長は、初代の宮田正明に続いて山田克彦（広

橋本宗利（広島ホームテレビ社長）

島銀行・副頭取）、小泉重則（広島銀行・専務）そして二十年間社長を務めた橋本宗利（広島銀行・副頭取）まですべて広島銀行の指定席になっている。その後は濱幾太郎（朝日新聞社）が二年間務め、再び広島銀行の大辻茂（広島銀行・専務）が就任。平成二十八（二〇一六）年六月から再び朝日新聞社出身の伊藤裕章が二年間務めた後、平成三十（二〇一八）年六月二十五日付で三吉吉三広島銀行取締役専務執行役員が新社長に就任した。

㈱テレビ新広島

広島民放四局目として昭和四十九（一九七四）年八月設立。広島テレビ放送で同居していた読売新聞社と産経新聞社の資本構成を分割して、それぞれが独立することで、広島テレビが読売系を鮮明して、フジサンケイ系列として発足したのがテレビ新広島である。この分割には新聞社の意向が大きく作用しているだろう。特に新聞の発行部数で日本一を目指す読売新聞社は朝日新聞社が広島ホームテレビを単独系列にしており、広島での系列局の力を強化すためにもサンケイと同居している事態の解消に動いたと推察できる。

競願者が三十八社に及び郵政省はその調整役を永野厳雄知事に要請したが参議院選挙に出馬のため辞任。後任の宮沢弘県知事や広島相互銀行（現もみじ銀行）社長の森本亨らが動いた。福山市出身の日清紡相談役の櫻田武らを中心に申請した㈱テレビ新広島に一本化した。

金光武夫（テレビ新広島社長）

宮沢　弘（広島県知事）

超短波局で、しかも広島で四局目ということや、オイルショックの後という必ずしも楽観できる経済環境ではなかったが、地元財界が三五％（福山・呉経済界も含む）、新聞五社（読売、サンケイ、朝日、毎日、中国）が二五％の株主構成で、社長には中国電力監査役の金光武夫が就いた。中国電力という強力なスポンサーをバックに堅実経営の基盤を築いた。

その後の社長は、岩田春政（中国電力・常務）、吉川英司（フジテレビ・広島市出身）、そして平成十一（一九九九）年六月に就任した有澤弌保も中国電力常務出身である。その後の社長は松本寛（フジ系）、永野正雄（中国電力・取締役））は平成十七（二〇〇五）年十二月に就任し、平成二十六（二〇一四）年六月からは、フジテレビの箕輪幸人が就任した。

以上テレビ局四社を概観したが、その設立に二葉会が調整役として関与し、同時に地元株主として出資し、人事関係も強めている現実は、やはり利権を守った、と言われてやむを得ない一面は残るだろう。それでも放送局は免許事業である。放送事業を通じて地域文化の振興への貢献を課せられた社会の公器であることを忘れてはならない。

ゴルフ場と旧広島市民球場

その他にも地域との結びつきは色々ある。広島一の名門ゴルフコースになっている広島カンツリー倶楽部の西条ゴルフコースが建設されたのは、昭和三十（一九五五）年十月である。建設資金の一億五千万円は、二葉会設立メンバーの東洋工業（現マツダ）、廣島銀行、山陽木材防腐（現ザイエンス）、中国醸造（現サクラオＢ＆Ｄ）、藤田組（現フジタ）、中国電力、広島電鉄、広島ガスなどが調達に協力している。

この西条コースの建設も二葉会創立と関係が深いものがある。公会堂建設の必要性は、九州電力会館（電気ビル）で、広島でロータリークラブの地区大会の開催を要請された時に芽生えたが、同時に去来したのがゴルフ場である。ロータリーのメンバーからは「ロータリー大会にはゴルフがつきもの、九ホールの鈴峯コースしかなく、西条でも出来るように」という声が上がり、それに応えるような形で広島カンツリー倶楽部西条コース建設に結びついた。

今日ではゴルフは国民の間に広く定着し、国民体育大会の正式種目にもなっているが、昭和二十九（一九五四）年当時はステータスシンボルそのものであったのである。実はそうした議論が、広島市民球場の建設にも結びついたようである。

当時は一部の社用族に限られていたゴルフ場に比べて、庶民が容易に楽しめる野球場建設を口にし始めたのが松田恒次であった。

「ゴルフ場はできた。しかし、これは特殊な人のためのものだ。もうひとつ一般大衆のための健全な娯楽ということを考えるべきだ。それは野球だ。そのための市民球場をつくろうじゃないか」

という働きかけに対して、

「ゴルフはするが野球はせん」という人もいたと言う。それに対して松田は、

「野球は見るがゴルフはやらん」と、言葉を返したというようなエピソードが伝えられている。もちろんそこには東洋工業の社長として、工場稼働には賃金はもとより労働条件とともに、社員の日常生活での娯楽施設も無視できないものとしての視点もあったと思われる。

少し脱線するが、断片的ではあるがその間の事情を補足しておこう。

昭和二十五（一九五〇）年一月十五日に、旧陸軍西練兵場で「廣島野球倶楽部」として結成式を経て、復興のシンボルとして「カープ」は誕生したが、専用球場もなく、資金難で球団運営は困難を極めていた。そうした昭和二十九（一九五四）年三月、広島市議会〈濵井信三市長、池永清真議長時代〉で野球場対策委員会が設けられ、八月には官界、財界の代表者で建設促進協議会

旧広島市民球場

を立ち上げ、そこで「基町に市税を使わずに造る」方針を決めている。ところが翌年の市長選では濱井信三が破れて渡辺忠雄が初当選。市会議長に就いた伊藤忠男が財界に市の財政状態を説明して、球場建設への協力を求めたのに対して「よし、わかった」と田中、松田、白井の御三家が先ず了解している。

実は、この裏面には基町のバスターミナルの建設が絡んでいたと「カープ三十年」（昭和五十四年九月八日、中国新聞）は伝えている。田中好一と渡辺忠雄市長との間で、「球場の建設は、私が責任を持って協力する。そのかわりあんたも、ターミナル問題に協力しなさい」ということで、両方をセットにすることで解決した、という田中好一の回想を紹介している。

昭和二十五（一九五〇）年一月に誕生した「廣島野球倶楽部」は、昭和三十（一九五五）年十二月十九日に「広島カープ」に改組し専用野球場を望んでいた。それに応える動きが始まったのである。

市民球場の建設は二期に分けて行われた。一期は昭和三十二（一九五七）年二月二十二日に起工し、増岡組の突貫工事で五カ月後の七月二十二日に完成している。約二万平方メートルの土地は広島市が基町の国有地を手当てし、二億六千六百七万九千円の建設資金のうち、二億四千三百九十九万千円は二葉会を中心とする財界が、そのうちの約一億円を東洋工業の松田恒次が拠出したと伝えられている。まさに丸抱えである。

収容人数二万五千七百七十三人の広島市民球場の二期工事が完了したのは、昭和三十三（一九五八）年四月三十日である。それを機会に設けられた「広島市民球場運営委員会」の（民間）構成メンバーは、五十年後にＪＲ貨物ヤード跡地に移転するまでほぼ変更が無いことを見ても球場建設と二葉会の関係を何より物語るのではなかろうか。

共同出資会社の設立

もちろん二葉会が設立に関与したものがすべて成功しているわけではない。

井藤勲雄（廣島銀行頭取）

昭和四十六（一九七一）年一月二十日、日本海運大手のジャパンラインと共同で、広島―大阪間の物流拡大を狙って設立した「広島グリーンフェリー㈱」（土岐広社長、当初の資本金一億二千五百万円、ジャパンライン七〇％、二葉会三〇％）は、中国自動車道の開通などの事情もあったが、当初の目的を果すことなく解散している。「グリーンフェリー」の株主には二葉会の十一社が名を連ね、社外取締役に、井藤勲雄（廣

森保順市（広島綜合警備保障社長）

松田耕平（東洋工業〈現マツダ〉社長）

島銀行・頭取）、田中好一、松田耕平（東洋工業・社長）、桜内乾雄、監査役に森本亨らが名を連ねていた。

成功例もあげておこう。昭和四十四（一九六九）年六月、二葉会と綜合警備保障㈱（東京）とが設立した「広島綜合警備保障株式会社」がある。初代社長には商工会議所専務理事を務めた後、広島テレビ放送の専務を務めていた横山周一が就任した。横山のもとで取締役に就任して実質開業の業務を一人で担当した森保順市は、広島県警捜査第一課長から突然の転身であったが、その時のことを森保は、

「県公安委員長の田中好一さんからの話だから引き受けたがよかろう」との県警の上司の話に従って設立に加わったと話してくれた。株主には二葉

会十一社に石﨑本店が加わっている。社内役員は二人、地元からの社外役員には村田可朗（中国電気工事社長）、山口文吾（広島瓦斯社長）が入り、監査役に石﨑五郎が就任しているが、昭和六十三（一九八八）年一月三十日の石﨑五郎死去後は中国電力のポストになっている。当時の国内治安の乱れを反映して警備事業はまさに時代が生んだ事業であるといえる。

社長ポストは横山、深山好美（元中国電力・取締役）と二代続いた二葉会企業に代わって森保順市、中村好之と県警出身者のポストになっているが、これは事業の特殊性を反映していると思える。株主構成は平成の今日でもほぼ変わりなく、二葉会企業の存在が業積に大いに役立っているのは言うまでもない。

その後平成十五（二〇〇三）年六月には五代目社長に元中国電力副社長の横繁隆壽が就任した。横繁は一旦中国電力の現役を退いていたが、副社長時代に綜合警備の社外監査役を務めていた縁があり、二代続いた県警出身社長から再び経済界出身者の登場である。その後引き継いだのが山口県出身で警視庁交通局長歴任後、一時期、中国電力顧問を務めていた属憲夫が務め、平成二十九（二〇一七）年六月に田中和男専務が社長に昇格している。

その他にも二葉会が関与した企業の例としては、昭和五十八（一九八三）年九月にオープンした広島全日空ホテル（現ＡＮＡクラウンプラザホテル広島）がある。現在は経営主体も変わり、

山内敕靖（広島商工会議所会頭）

荒木　武（広島市長）

当時の事情も忘れ去られようとしているが、広島経済界の営みの一面として改めて認識しておくことも必要かも知れない。

当時の日本の航空業界は、日本航空の全国制覇に対抗して後発の全日本空輸は、広島空港（元西広島飛行場）へのジェット機乗り入れに遅れを取るまいと広島に支店を開設したのは昭和四十八（一九七三）年八月である。そのころは各社が競って業態の拡大を目指してホテル事業にも参入していった時代であった。全日空も全国の拠点都市のひとつである広島に自前のホテルの進出を計画した。

しかし当時は百貨店の進出と同様に、地元のホテルや旅館組合など、業界の強い進出反対運動に如何に対応するかが、進出可否の大きなポイントでもあった。全日空ホテルとしても、最初の常務支配人には全日空広島支店長を務め広島に人脈がある松原賢を起用するなどの配慮を見せたが、それでもなかなかスムーズに事は進んでいなかった。

ところが、広島市（荒木武市長）と広島商工会議所（山内敕靖会頭＝広島ガス社長）が主催する、第十七回日米市長・商工会議所会頭会議の広島開催が、昭和五十八（一九八三）年十一月十五日に決定したことで状況は大きく変わった。

広島で開くビッグな国際会議に相応しい宿泊施設が、広島グランドホテルだけでは対応できないことが明らかになったからである。そこで地元経済界は国際会議に相応しい宿泊施設確保のために、広島進出計画を持っていた全日空に対して計画の前倒しを持ちかけたのである。地元対応に苦慮していた全日空とすれば、地元からの要請という事になれば、願ったり叶ったりであったのは事実。昭和五十六（一九八一）年九月に設立登記した㈱広島全日空ホテルには二葉会企業が社外役員として入り、事業の黒子的な役割を果たした。

このことを契機に昭和五十八（一九八三）年四月十一日に広島に進出する大手ホテルと地元旅館業者との対立を調整する「ホテル旅館調整協議会」が商工会議所に設置されたことからも、出店推進の困難さが窺える。

広島全日空ホテルがオープンしたのは日米市長・商工会議所会頭会議が開かれる二カ月前の昭和五十八（一九八三）年九月十三日。三日前の十日のオープンセレモニーでは地元経済界からも多くの人が門出を祝った。しかしその会場には、前倒しオープンを強力に後押しした当時の商工会議所会頭山内敕靖の姿は無かった。

山内は戦後の広島経済界では異例の会議所会頭職に三選を要請された人物だったが、間もなく病に倒れ、昭和五十七（一九八二）年十二月に二期を務めて退任した。同月二十日には後任会頭に中野重美中国電気工事会長の就任が決まった。山内敕靖は翌年の全日空ホテルのオープンを見届けることも出来ず、昭和五十八（一九八三）年八月二十八日、六十五歳で帰らぬ人となったのである。

その山内敕靖について、中区小町の市川本店（現㈱ＩＣＨＩＫＡＷＡ）の二階に設けられていた広島全日空ホテル開設準備室時代から奔走し、実務をこなした行徳総務部長が、オープン直後に涙ながらに話してくれた言葉を記して置きたい。

「山内会頭にはオープンセレモニーの会場に是非参列して頂きたかった。ご存命であれば、病院から背負ってでも案内したかった。セレモニー会場で地元経済界の方に挨拶していると、失礼ながら自然に涙が溢れ出て止まらなかった。セレモニーが終るのを待って、当日の記念品を持って山内前会頭の霊前に車を走らせ、感謝とオープンの報告に伺った」

こうした熱い思いを抱き、仕事を通じて広島の都市としての中枢機能向上に奔走した人がいたことも記しておこう。

地域経済振興

二葉会の活動の一つに「郷心会」の支援活動を挙げておく必要がある。昭和五十（一九七五）

年二月に広島商工会議所の歴代会頭を発起人に「郷土産品愛用運動」の一環として、官民挙げて広島の基幹産業である自動車産業を支援する目的で結成されたのが「郷心会」である。現在まで任意の団体として、県内十三市に十四郷心会が設立され、マツダ車購入支援の活動を展開してきている。企業の枠を超えた地域経済支援活動としてユニークな存在と言えるのではなかろうか。

官民一体で実現にこぎつけ、平成元（一九八九）年七月八日から十月二十九日まで百十四日間開催、延べ329万4945人の入場者があった「89海と島の博覧会・広島」の開催にも、二葉会企業が人的協力を含めて大きな貢献をしていることも留めておくべきだろう。

竹下虎之助（広島県知事）

公式には昭和六十（一九八五）年八月に国土庁から「国際離島フェア」の開催についての打診があったことが発端とされている。当時の広島県の経済環境は輸出産業の不況に加え、島嶼部の基幹産業ともいえる造船不況も重なり、同年十月十一日には県勢活性化推進協議会（仁田一也会長）からも竹下虎之助知事に「95ひろしまは変わる」案を提案するなど地域経済の活性化策が模索されていた時期であった。

橋口　収（広島商工会議所会頭）

山﨑芳樹（広島商工会議所会頭）

そうした状況は広島だけではなく横浜、名古屋、福岡など全国で博覧会を開いて地域の活力を取り戻そうとする方向性が見られた時期である。

広島市も市制百周年（平成元年）・広島城築城四百年という節目と合わせた記念行事として「海と島の博覧会」開催を決めた。昭和六十二（一九八七）年四月に設立した「財団法人89海と島の博覧会協会」の会長に広島県商工会議所連合会会頭の山﨑芳樹が就任（翌年十二月に新会頭に就任した橋口収が引き継ぎ就任）したことで、運営部門に民間企業からの人材の派遣など物心両面でのバックアップ態勢が整い、目標の入場者数をクリアして無事終了することができた。

人材と二葉会

企業だけでなく、公職にも二葉会は名を連ねている。県公安委員長や、県教育委員長などもそうである。二葉会と地域とのかかわりの一端をもう一つ紹介しておこう。

広島は原爆によって財産だけでなく、多くの人材も失った。人材の喪失は広島復興の弱点のひとつであった。そのために、広島高等裁判所長官だった岡咲恕一（明治三十三年九月八日生まれ）を広島の良心として処遇したという事例がある。

三原市出身の岡咲が昭和四十（一九六五）年九月広島高等裁判所長官を定年退官した後、直ちに自宅のある横浜市には帰らず、中国電力と東洋工業の顧問弁護士として広島に留めおいたのである。具体的には、顧問弁護士として生活を保証し、会社に部屋と車を準備したが、実際には顧問会社の実務はほとんどせずに、県などの審議会の会長などを務めてもらい、言わば広島の良心形成の役割を担って貰ったのである。こうした人材の処遇も、二葉会と地域との関係の一面であり、復興の一側面だったとして記憶に留めておく必要があろう。

篠原康次郎（広島総合銀行〈現もみじ銀行〉会長）

ちなみに、恕一の次男岡咲龍昌（昭和十二年九月三日生まれ）は、日本銀行から平成二（一九九〇）年三月、広島総合銀行（当時）に役員として迎えられている。この人事は元社長の森本亨が、広島相互銀行（当時）の後継者として日本銀行広島支店長を務めた後、日銀本店の発券局長の職にあった篠原康次郎を招聘した時に「あんた誰か日銀から連れて来んさいや、話し相手がいた方が良かろう」と言った布石があり、経営体制強化のために、篠原会長が森本弘道頭取と相談して広島に縁のある岡咲を指名したという経緯がある。亨は二葉会設立時のメンバーである。人と人との縁とはこういうところにも息づいている。尚、岡咲龍昌常務は、平成十一年六月の広島総合銀行の定時株主総会後、系列の中国総合信用の社長に転出している。

第3章　平成時代の二葉会

平成の二葉会

広島の復興に貢献した二葉会も、平成に入ってからのその活動が変化してきている。任意の集まりであれば自然な流れでもある。

かつてのように「二葉会」を冠にした大型の寄付行為は少なくなったが、寄付行為自体は続いている、御三家（マツダ、中電、広銀）割増しの不文律も生きている。フラワーフェスティバルへの寄付も、サンフレッチェ広島や　広島交響楽団への冠コンサート支援なども会議所を中継して経済界の寄付に組み込まれているが、それ以外にも二葉会へ寄付の割り当ては連綿と続いている（直近では新広島市民球場建設や第二十六回全国菓子大博覧会・広島大会開催への協力などはまだ記憶に新しい）。

ここに二葉会単独ではおそらく最後の部類と思われる寄付行為が、昭和六十（一九八五）年二月二日付の地元紙で報じられている。記事には、

「広島の主企業十一社でつくる二葉会は一日、広島市に公園施設維持管理事業資金として三百八十万千七百九十四円を寄付した。

二葉会を代表して広島商工会議所の中野重美会頭らが市役所を訪れ、荒木市長に手渡した。寄

付金は、昭和四十五（一九七〇）年十二月、中区基町の広島城東側緑地に建設された池田勇人元首相の銅像の「建設委員会」が募金した約二千百十万円の残金。建設委員会が解散、会計を商工会議所が預かっていたものを今回全額、市に寄付した」

とある。

【閑話休題】この池田勇人元首相の銅像は、昭和四十五年十二月三日に森野員象制作で、中区基町の中国放送本社前の広島城跡公園に建立したもの。元首相吉田茂の題字で「寿英姿造題」とある。二葉会の池田総理銅像建設委員会（会長・山本正房商工会議所会頭、中国新聞社長）が建設したものである。広島財界（二葉会）と中央政界の結びつきを象徴するものの一つである。なおこの銅像は、建立から四十四年を経過し、劣化していることに加え、没後五十年を経過したのを機に遺族からの申し出により平成二十七年七月、新しい複製像が設置された。

中野重美（広島商工会議所会頭）

二葉会の恒例行事

二葉会の恒例行事に、県出身の在京政財界人との新年互礼会がある。あると言うより、あったという表現の方がよいかもしれない。現在では注目する人は少ないが、広島の発展のために尽力してもらう人を遇する二葉会の意地のようなものが感じられる。

参考までに、平成九年（一九九七）一月十六日、東京・新喜楽で行われた二葉会主催の県出身在京財界有志を囲む新年互礼会の様子を留めておこう。

在京出席者は、岡田茂（東映・会長）、田中敬（横浜銀行・相談役）、水野廉平（五洋建設・会長兼社長）、永野健（三菱マテリアル・相談役）、八木直彦（日本製鋼所・相談役）、田具正人（金商又一・相談役）、児玉幸治（商工中金・理事長）が出席し、田部文一郎（三菱商事・相談役）、山口信夫（旭化成工業・会長）、保田博（日本輸出入銀行・総裁）は欠席している。

主催者側は、田中隆行（ザイエンス・社長）、山本朗（中国新聞社・会長）＝欠席、多田公熙（中国電力・会長）、宮﨑敏夫（中電工・会長）、徳永幸雄（広島ガス・会長）、橋口収（広島銀行・相談役・広島商工会議所会頭）、篠原康次郎（広島総合銀行・会長）、大田哲哉（広島電鉄・社長）、藤田一憲（フジタ・社長）、白井龍一郎（中国醸造・社長）に、事務方の倉田桂二郎商工会議所専務理事が出席している。

双方ともメンバーの交替はあるものの、年中行事として脈々と続き、広島と中央経済界の情報交流の窓口になってきていることを記憶に留めておきたい。

平岡　敬（広島市長）

藤田雄山（広島県知事）

翌日の一月十七日には、広島選出の国会議員を囲む新年互礼会も、同じく新喜楽で開いている。これには、旧社会党系の秋葉忠利衆議院議員と桑原君子参議院議員を除き、衆参十四名に加え、藤田雄山県知事と平岡敬市長が出席している。この新喜楽での会合に声がかかることを待ち遠しく思い、時としてステータスと受け止める議員心理も働いていたのもまた事実であろう。時間はさらに状況の変化を刻んでゆく。

平成十一（一九九九）年に入って二葉会の恒例行事に変化が出てきた。正確を期するため、側面史的に記録しておきたい。

毎年の新年互礼会の主催が、二葉会から経済四団体（中国経済連合会、広島商工会議所、広島経済同友会、広島県経営者協会）に変更になったことである。平たく言えば、経費の支払を二葉会から経済団体に分割するということになった。

この決定は、前任の会頭橋口収の考えを、任期途中の平成十一（一九九九）年八月二日付けで引継いだ池内浩一会頭が、

多田公熙（中国電力会長）

池内浩一（広島商工会議所会頭）
（中電工会長）

御三家企業との顔見世会で改めて確認した、ということである。具体的には、十月のある日、多田公熙中国電力会長との会食の際に最終的に決ったようである。このことは二葉会メンバーがいずれの経済団体にも入会しているから、経費の負担を軽くすることにも意味がある。しかし、これをもって二葉会無用論を流布するなどは、およそ広島人とは思えない。

敗戦後七十有余年、二葉会が創生されて六十余年も経過すれば、メンバー企業の伸長に自ずと差異が生じるのは当然なことである。特に平成時代の社会環境は激変しているが、大切なのは、その時々に地域社会に対して如何なる貢献、役割を果したか、務めているか、ということを問うことである。

広島復興のために井戸を掘った人々や、企業を無視することで、己の存在をアピールしようとすることは、木を見て森を語るに陥るのではなかろうか。

二十一世紀を迎え〝戦後〟という言葉も次第に違和感を持つような時代が来るであろうが、先人の足跡は足跡として真摯に検証し新しい世紀に、〝広島はどのようにして生き延びていくのか〟を考えることこそがいま一番必要なことではなかろうか。

半世紀を経た二葉会

二葉会は創生以来六十有余年の歴史を重ねてきた。第1章に続いて三十年間の平成時代の終わりを受けて二葉会の動向をフォローしてみたい。もちろん外部から活動の一部を垣間見るに過ぎないが、要は「二葉会いまだに存在せり」の傍証になればということからである。

現実には「形」として二葉会単体としての活動はほとんど見ることがなく、もっぱら商工会議所活動の中に組み込まれ、世間からはますます目立たなくなった。それゆえに今日では「二葉会というものがあったそうな」という過去形で語る経済人も出てくる有様である。会議所活動の中核部分にこそ二葉会が窺えるので、会議所活動と重複することをおことわりする。

平成時代に入って日本のバブル経済は崩壊、特に重厚長大の産業構造を特徴とする広島は厳しい現実に遭遇することになった。

金融機関では地銀の雄と言われていた広島銀行が自社株の最安値を記録（平成九〈一九九七〉年十一月二十六日）したことで、それまで営々と築き上げた海外支店の廃止を決断したが、そのことが全国の銀行の中で最初であったために余計に注目された。

第二地銀の広島総合銀行は平成十三（二〇〇一）年九月二十八日に、同じ第二地銀のせとうち銀行と、もみじホールディングスを設立して両行を子会社化し、同十六（二〇〇四）年には合併して「もみじ銀行」に銀行名も変更した。翌年の平成十七（二〇〇五）年には山口銀行と経営統合を前提にした資本提携。翌年の平成十八（二〇〇六）年十月一日付で共同持株会社山口フィナンシャルグループを設立してその傘下行となった。その間、平成十一（一九九九）年八月二十六日に金融再生委員会の公的資金を最初に導入を申請した銀行として知られ、その重荷が山口銀行との合併への糸口になったものと推測されるが、この項はここまでに留めておく。

また、広島の基幹産業であるマツダも、ますますフォード支配が強化され、平成八（一九九六）年六月二十七日から四代続けてフォード出身社長（ヘンリー・ウォレス、ジェームズ・ミラー、マーク・フィールズ、ルイス・ブース）が続き、生え抜きの井巻久一社長が誕生したのは七年後の平成十五（二〇〇三）年八月二十七日のことだった。

敗戦直後に広島日赤病院の重藤副院長の申し入れを受けて、何はさておき、日赤病院の復興工事に取り組んだ中堅ゼネコンのフジタ（元藤田組）の四代目社長藤田一憲は取引銀行に債権放棄を要請した経営責任をとり、平成十一（一九九九）年三月末で社長を辞任した。

フジタは平成十四（二〇〇二）年に不動産部門と建設事業部門に分離し、社名の「フジタ」と建設事業部門は継承されている（その後、平成二十四年十二月にハウスメーカー大手の大和ハウス工業の子会社化が決定している）。しかし、「引き続き二葉会のメンバーとして留まらせて欲しい」旨を伝えているが、メンバーであることは寄付行為に共同歩調を取るということである。そのように依然として二葉会メンバーとして、ウエートは小さくなったとは言え、その役割を果たしていることも忘れてはならないことであろう。これらいずれもが二葉会のメンバー企業であるというのが広島の現実である。したがってこれだけを見て二葉会の有名無実を叫ぶ者が現れたりするが、本当にそうだろうか。二葉会の地域社会への寄付行為は続いているが、その地域社会との絆は、実際はどうなっているのか、というのがこの項の目的である。

こうした外的要因もさることながら、二葉会の存在が希薄化していった遠因には、昭和六十三（一九八八）年十二月に広島商工会議所会頭に就任した広島銀行の橋口収頭取の言動が、二葉会の存在を問うものだったことは否定出来ないだろう。

橋口氏は昭和五十九（一九八四）年六月にいきなり広島銀行の頭取として飛来してきたが、さすがに天下の大蔵省（現財務省）出身らしく、広島では向かうところ敵なしだった。その年の暮れには早くも第二の二葉会と揶揄された「広島地域経済懇談会」を立ち上げ、広島銀行のスタッフさえ頭取のスケジュールからして「物理的に無理」だとまで囁いていた商工会議所の会頭に就任すると、「二葉会なにするものぞ」の姿勢を鮮明にしていった。

会頭職も異例の三期半務めたが、その間の副会頭には意識的に非二葉会企業から意中の人物を選任し、「(会頭職の)後継者は自分の目にかなった人を」と言って憚らなかった。しかし、結局はそのようにはならなかった。帯には短く、襷に長くて、四期目の副会頭には後継を前提に、中国電力に三顧の礼を尽くして中電工社長に天下った元中国電力副社長の池内浩一を選ばなくてはならなくなったのは周知の通りである。

四期目の任期半ばの平成十一(一九九九)年二月十日、橋口収会頭は商工会議所の常議員会で辞意を表明。さらに三月二十五日の議員総会で池内副会頭を後継者に指名することを諮り、七月の議員総会を機に辞任して後任の池内浩一会頭が残任期間の会頭職を務めることになった。

池内の後任の副会頭に就任したのがマツダ専務の渡辺一秀である。連動して郷心会連合会会長には池内浩一に代わり櫻井親副会頭が就いたという経過がある。ちなみに渡辺はその年の十二月十五日、マークフィールズ(三八歳)が社長に就任したのに合わせるように、十二月一日付で代表取締役副会長に就き、翌年の平成十二(二〇〇〇)年五月二十六日付で竹林守会長の後任としてマツダの会長に就任している。

その間、二葉会凪化の見方は急速に拡がった。時の一番の権力者になびくのは人情の常であるから、その流れは否定できないが、その逆もまたあり得る。例えば、池内が引き継いだ翌年(平成十二年)三月十九日には橋口が選任した同じ赤門会出身の木村創副会頭(五〇歳、JMS社長)

が副会頭の辞任を申し出た。会議所は残り任期が一年半であることなどを理由に後任を選出しなかった。もっとも、副会頭に準ずる職責であったから後任を選ばなくても問題はないが、それまでも木村は社業の多忙を理由に会議所業務も休みがちだったが、任命者の橋口がいなくなったことを機会に辞意を切り出したとも受け取られた。

池内は平成十三（二〇〇一）年十一月二日の臨時議員総会で再選の同意を得て、同八日には自前の副会頭の選任同意を得ている。渡辺と白井隆康石﨑本店会長は再任し、新たに山本和郎広島テレビ放送社長、今井誠則東洋観光社長と金谷俊宗豊国工業社長が選任された。もちろん、二葉会の寄付行為はほぼ同じように続いていたのもまた事実である。

渡辺一秀（広島商工会議所副会頭〈マツダ会長〉）

寄付行為の実態を垣間見よう。

昭和五十（一九七五）年十月の広島東洋カープの初優勝による百《メートル》道路での優勝パレードが一つのきっかけとなって、昭和五十二（一九七七）年五月から始まった「ひろしまフラワーフェスティバル」も四十二回（平成三十年）を重ねるが、その間、商工会議所に依頼される経済界への寄付金二千万円に継続して協力をし続けているが、特に二葉会の協力割合は大きく、広島の祭りとして育ててきていることは忘れてはならない。

昭和天皇が崩御されて十五年を機に、東京で昭和天皇記念館建設構想が浮上し、広島県経済界に二千万円の寄付の要請が寄せられたことがある。慣例によると、このうち千万円を広島経済界が、残りの千万円を県下十二市の経済界が分割分担することになったが、広島の六割を二葉会が負担するということがあったようである。

時期を同じくするのでもう一つ付け加えておくと、広島県が平成十五（二〇〇三）年五月、中四国地方で初の国連機関として誘致した国連訓練調査研究所「ユニタール・UNITAR」の負担金がある。三年間で九千万円の運営費を誘致自治体が支払うことになり、県、市、商工会議所が分担割合を思案した。経済界の負担する金額の大半は二葉会の寄付行為によるところが大きいのである。しかもその割合は、二葉会の慣例によって配分されるという現実も知っておくことが必要である。

旧広島市民球場の建て替え

昭和三十二（一九五七）年に建設された広島市民球場の建て替え問題は、二葉会の存在を改めて知らしめることになったが、その一端をフォローしてみたい。

当時の広島市民球場を取り巻く環境は厳しいものがあり、球場建設は単なる老朽施設の建て替えだけではない前段がある。

平成九（一九九七）年十一月二十八日に当時の平岡敬市長が、国鉄分割民営化に伴う遊休地とされていたJR広島貨物ターミナル駅（貨物東広島駅跡地、一一・六ヘクタール）を約百十億円で先行取得していたことが大きい。購入額に加え、未使用地の金利負担は大きく、利用策の検討が急がれていた。

平成十一（一九九九）年に平岡を継いだ秋葉忠利市長は重い腰を上げ、球場の移転場所としての検討が市政の課題として大きくなっていった。その中で浮上したのが「チームエンティアム」構想。商業施設と合わせての球場建設構想は、出店予定の外国企業がキャンセルしたことで計画が頓挫した経緯がある。

池内浩一は会頭を一期半務めたが、中小企業の集まりである会議所の総意形成には苦労があったようである。特に任期後半部分には旧広島市民球場の改築問題が具体的、火急的なテーマとして浮上してきた。

平成十六（二〇〇四）年にはパ・リーグの近鉄とオリックスの球団合併に端を発した球団再編議論が起こり、一リーグ制への移行という議論が熱を帯びていた。プロ野球界の再編議論は、広島東洋カープ球団の消滅とか、あるいは買収話もちらつく厳しいものだった。厳しい声は「広島市民球場は設備も古く、あそこの球場では試合をしたくない」という声が、巨人や阪神などの選手の側からあからさまに聞えてくるようになった事情も無視できなくなってきた。従って、広島東洋カープのフランチャイズ球場の整備は、大きく言えば広島の活性化にどう取り組むか、全市をあげ、まさに背水の陣で球場の在り方を検討する必要に迫られていた。

その球場問題が二葉会メンバーの中で語られたのは平成十六（二〇〇四）年一月十四日の二葉会の新年会であろう。もちろん漠然としたものだが、世間の声が高くなるにつれて「球場問題には協力しないと…」という程度のものであったと言う。その頃はカープの試合の放映権を持っている在広のテレビ局に各数千万円出資してもらい、資本増強することなど、巷ではいろいろな噂も流れた。

高須司登（中国経済連合会会長）
（中国電力会長）

経済界として球場問題について非公式に会合を開いたのは平成十六（二〇〇四）年二月十七日、経済団体のトップが集合した時であろう。メンバーには池内浩一商工会議所会頭、高須司登中国経済連合会会長（中国電力会長）、宇田誠広島市民球場運営委員会委員長（広島銀行会長）

山本治朗（中国新聞社社主 兼代表取締役会長）

宇田　誠（広島銀行会長）（後の広島商工会議所会頭）

に広島経済同友会、広島県経営者協会は事務局が代理出席、それに中国新聞社の山本治朗社主らとされている。

このころになると、球場問題の喫緊性に鑑みて、次期会頭の人選が話題に上がり、早くも平成十六（二〇〇四）年四月二十日には広島銀行会長の宇田誠を次期会頭に推薦することを非公式ながら内定した。もちろん池内自身にもそうした動きは耳に入っていたろうが、一方では池内自身は任期中に球場問題に何らかの進展、糸口を付けておきたい思いは強かったはずである。

平成十六（二〇〇四）年五月二十六日の常議員会で球場問題を会議所の正式な検討テーマとして取り上げ、担当事務局の設置を決めている。この時点から球場問題が表舞台で議論が始まったと言える。

平成十六（二〇〇四）年七月ごろから経済界では球場問題について、早朝会議が公式・非公式に開かれている。

会合に出席した人たちを発起人として検討委員会を正式に立ち上げることを七月三十日の会議所の議員総会に諮る段取りが出来上がった。ところが、総会までの十日間のうちに状況が変化、一部の会議所議員の反対で検討委員会設置案は議員総会に提案されることはなかった。池内の気力が失せたとしても、むべなるかなである。結局、最終的な合意を得ることが出来ずに同年十月末の会頭任期を終えた。機関決定が場外での反対で実行出来なかったことは池内会頭ならずとも残念であったろう。

平成十六（二〇〇四）年十月二十二日の会議所の常議員会で宇田誠広島銀行会長を次期会頭に推薦することを正式に決定した。同時に倉田桂二郎専務も退任を表明した。

宇田新体制は平成十六（二〇〇四）年十一月十六日の議員総会で、五人の副会頭と専務理事に藤井昌平理事事務局長の昇格を了承してスタートを切った。

池内を引き継いだ宇田誠会頭の役割は球場問題に決着を付けることで、その行動力が期待されての就任であることは衆目の一致するところだった。しかも、旧市民球場建設以来組織されている球場運営委員会の現職会長を務めており、新球場の建設資金集めなどを考慮すると最適任者であった。選任された宇田本人もそこらは重々承知で、副会頭人事に冴えを見せた。即ち、広島で御三家といわれるマツダ、中国電力と広島銀行を取り込んだのである。

広銀の宇田が会頭、マツダの渡辺一秀会長が副会頭に留任、中国電力から現職の副社長福田督が三十四年ぶりに副会頭に就任したことで御三家揃い踏み人事が成立し、俗に言う挙党体制が出来あがった。このことが宇田の会頭としての信頼感を増すことに大いに貢献した。会頭就任早々、平成十六（二〇〇四）年十一月二十六日に広島県、広島市を加えメンバー十四人からなる「新球場建設促進会議」（座長・多田公熙広島県体育協会会長）が発足した。

福田　督（広島商工会議所副会頭）
（中国電力副社長）

新球場建設促進会議のメンバーは
広島県・知事　藤田雄山
広島県議会・議長　新田篤実
広島市・市長　秋葉忠利
広島市議会・議長　浅尾宰正
中国経済連合会・会長　高須司登
広島商工会議所・会頭　宇田　誠
広島経済同友会・代表幹事　大田哲哉
広島県経営者協会・会長　白井龍一郎
広島県体育協会・会長　多田公熙

広島市スポーツ協会・会長　田村鋭治
広島市民球場運営委員会・委員長　宇田　誠
中国新聞社・社主・代表取締役会長　山本治朗
広島青年会議所・理事長　吉田大蔵（後任・野村慶太郎）
広島東洋カープ・オーナー　松田　元

副会頭人事の中で、任期途中に中国電力の社内的な問題から社長未経験者が会長に就任するという異例の人事異動が行われた。その結果、福田督副会頭（同社副社長）が中国電力会長に昇格したのに伴い、後任には常務から副社長に昇格した同じ福田姓の福田昌則副社長に交代し、引き続き球場問題担当としてもっぱら寄付金集めに奔走することになった。

広島市が新球場の建設資金の負担金を公表したのは平成十九（二〇〇七）年五月二十四日の事。建設費を総額九十億円として、三十年間の球場使用料で三十五億六千六百万円、国からのまちづくり交付金七億八百万円、市民のたる募金一億二千六百万円の合計四十四億円を除いた四十六億円を分担することとし、その半分の二十三億円を家主の広島市が負担し、広島県と経済界が十一億五千万円ずつ負担するというものだった。寄付金の申し入れに対して宇田体制の資金

MAZDA Zoom-Zoom スタジアム広島

集めの行動力は目覚ましかった。これには宇田会頭の人脈が大きく、広島銀行というバックのお蔭という事に異論はないだろう。ここで特に記しておきたいことは、「二葉会の寄付はどこがいくら」と公表しないという不文律を破って平成十九（二〇〇七）年九月二十七日の会議所の定例記者会見で宇田会頭自らが、経済界の負担金十一億五千万円のうち半分を御三家で分担することで調整していることを公表したことであるが、その後の寄付金集めに勢いをつけるという意味は大きかった。最終的に寄付金の申込みは予定額を上回る十六億四千八百万円に達した。

大田哲哉（広島商工会議所会頭、広島電鉄社長）

注目を集めた二葉会

宇田会頭の再選への期待は大きかったが、本人の体調不安のため平成十九（二〇〇七）年四月十四日の常議員会で、十月末の任期満了で退任する意思を表明し、後任選出の道を開いた。会頭選考委員会での紆余曲折の議論を重ね選出されたのが大田哲哉広島電鉄社長だった。

大田会頭誕生に関して大田自身が「二葉会メンバーとし

て広島電鉄に就任要請があったのに受けられませんと返事して、そのために仮に誰かが就任して、会頭がこんなものかと途中で投げ出されたら、私の責任になる、二葉会メンバー企業の広島電鉄の社長として会頭を受けざるを得なかった」と話したことがあるが、就任後の行動力は評価された。

再び二葉会が注目されたのは平成二十一（二〇〇九）年一月二十九日、広島商工会議所の大田哲哉会頭が、商工会議所常議員会でリーマン・ショックによる「世界的な金融不安から自動車産業が壊滅状況に置かれ、減産状況に対して二葉会として九百十六台のマツダ車を購入する」と発表した時であろう。

公表は会議所の記者会見で発表されたものであるが、あくまでも「地元企業の経営支援」という会議所運営の大義を実現するため「部品製造の中小企業の支援」を打ち出して、会員宛にマツダ車購入を呼びかける運動を展開することを前提に、まず起爆剤として二葉会の姿勢を明らかにしたことに意義がある。このことの経緯を記すことが二葉会のあゆみの一端を垣間見ることになろうか。

平成二十一（二〇〇九）年正月五日の新年互例会の挨拶の中で大田会頭はバイ・マツダ運動の推進を呼びかけた。その後、八日には会議所として支援活動に取り組むことを内定している。それを受けて一月二十二日、全日空ホテル（現ＡＮＡクラウンプラザホテル広島）で二葉会の朝食会を非公式に開いている。その席で一月二十九日の常議員会の前日、二十八日までに各社にマツダ車購入台数の前倒し集計することを申し合わせている。その結果を大田会頭が二葉会を代表して記者会見で九百十六台を購入することを明らかにしたのである。このことこそが会頭就任時から「広島経済界における二葉会の存在を意識した」と話した大田会頭が具体的に表した姿勢と言える。

もう一つ付け加えれば、大田の行動力は、平成二十二（二〇一〇）年十二月十三日の商工会議所の一回目の臨時議員総会で承認を得た深山英樹（広島ガス会長）の会頭誕生人事がある。この時の会頭選出にも二葉会の存在があった。その年の夏までは大田会頭の再選は固く、本人も再任要請を受けて、懸案だった旧市民球場の跡地問題に目処を付けることに意欲を見せていた。従って会頭選考委員会も当初は手持無沙汰なくらいであった。

ところが九月に入って状況は一変。大田にドクターストップがかかり、会頭再任は受けられないことになった。九月末に事情を公表したが、任期満了まで一カ月を残すだけに会頭選考は混迷した。十一月になっても具体的な名前が浮上することはなく、もはやこれ以上異常な状況を続けることは出来なくなり、大田会頭自身が動いた。

その間の事情を大田は、

「御三家に会議所までご足労してもらった。会頭には広島ガスの深山英樹会長に就任依頼するか

山木勝治
（広島商工会議所副会頭）
（マツダ副社長・後に特別顧問）

深山英樹
（広島商工会議所会頭）
（広島ガス会長）

ら、御三家からは副会頭を出していただきたい、とお願いした。人選は各社に任せますから、この場で選出することだけは決断してほしい」と直談判したと語った。各社はそれぞれ社内、社外の事情を抱えており、そう簡単に結論を出せる状況にはなかった。

会談の隣室で話し合いの成り行きを見守っていた会頭選考委員の一人は「イライラしてお茶やコーヒーを何杯飲んだことか」と後に述懐している。結局大田会頭の姿勢に応えて各社は受託することで大きなヤマ場を越した。

そして通常より一カ月遅れの十二月二十二日に開かれた臨時議員総会で副会頭五人の選任同意を得た。如何に突然であったかは、議員総会当日に会社のスケジュールが入っていた副会頭も一人ではなかったことからも窺える。

マツダからは山木勝治副社長（翌年六月に特別顧

蔵田和樹
（広島商工会議所副会頭）
（広島銀行常務・後の専務）

小畑博文
（広島商工会議所副会頭）
（中国電力常務・後の副社長）

問）、中国電力から小畑博文常務取締役（同副社長）、広島銀行から蔵田和樹常務（同専務）が揃った。伊藤学人副会頭は平成二十五年開催が予定されている全国菓子大博覧会開催担当として留任。もう一人の副会頭には広島名物になったお好み焼のオタフクソースの佐々木尉文会長が選任された。

佐々木は当日東京出張から帰路直接総会会場に直行したが総会には間に合わず、記者会見が初の顔見世であったくらいだから、副会頭の選出が如何に緊急であったかを示すものである。この副会頭人事は大田が拘っていた球場跡地の活用策と連動して会議所の移転新築をにらみ、建設資金を念頭に置いたもので、御三家体制を崩すことが出来ない大前提での副会頭人事と言える。

新体制も整い、家主の広島市と共同歩調をとり平成二十五（二〇一三）年四月から五月にかけて旧広島市民球場跡地で開催予定の全国菓子大博覧会に向けて本

佐々木尉文
（広島商工会議所副会頭）
（オタフクソース会長）

伊藤学人
（広島商工会議所副会頭）
（イトー社長）

松井一實（広島市長）

格的な準備に取りかかるはずだった。

ところが平成二十三（二〇一一）年一月四日の恒例の広島商工会議所が世話人として開催する新年互礼会の挨拶で、秋葉市長が四選不出馬を表明したのである。正確には当日の市役所の新年互礼会の挨拶の中で表明していたが、午後の互礼会ではまだ知らない人も多く、秋葉市長の突然の発表に会場はざわめいたほどである。

それを受けた四月十日の市長選挙で初当選した松井一實市長は、それまで積み上げてきた旧市民球場跡地の活用策を白紙に戻すことを表明。そのことを商工会議所の深山英樹会頭も市長とのトップ会談で了承。大田哲哉前会頭が心血を注いだ会議所の建て替えなどを含んだ跡地活用策は白紙になり、十月には広島市は非常にバラエティに富んだ十四人からなる再検討委員会が組織された。それから間もない平成二十三（二〇一一）年十一月七日、大田哲哉前会頭は広島電鉄の代表取締役会長として一期を終えた。

三選会頭の誕生

大田哲哉会頭の強力な推薦により、広島経済同友会の筆頭代表幹事の任期中にも関わらず辞任し、会頭に就任した広島ガス会長の深山英樹は、会員の融和を第一にした会議所運営を心掛けた。会議所は旧広島市民球場跡地の活用策の一環として、広島市からの要請があれば、会議所ビルの移転・建て替えを視野に入れていた。ところが広島市の秋葉忠利市長が三期で退任することを正月の互礼会で表明した。後任市長に松井一實が当選した。すると、球場跡地活用策も再検討する姿勢に転じ、会議所ビル問題も停滞した。

その間、サンフレッチェ広島は、一度はJ2に降格しながらも、一年でJ1に復帰するとリーグ連覇するなど地方クラブとしては格段の奮闘ぶりで、サッカースタジアム建設への市民の声は三十八万人の署名活動へと拡大していった。すると、市内中心地の旧市民球場跡地がアクセス性などから最適地とする声が高まった。しかしすでに広島市は跡地活用策の基本的プランを提示しており、行政の案と市民の要望との整合性に大きな差異が鮮明になっていった。その溝はいつまでも埋まらず、結果的に問題を硬直させることになった。

広島県・広島市と商工会議所は、「サッカースタジアム検討協議会」がサッカー場の建設候補地を五カ所から二カ所に集約した結果を受け、一年間をかけて球場跡地と、宇品みなと公園を検討した。その後、平成二十七（二〇一五）年四月の松井市長二期目の市長選挙結果も含めて、みなと公園を最終候補地にすることに収斂《しゅうれん》されていった。一方、港湾海運関係者からは、みなと公園に大きな集客施設が出来ると、広島の流通・物流に大きな影響が出てくると異議を表明していたが、それでも球場跡地よりも宇品みなと公園が適地である方向性に変化はなかった。平成二十八（二〇一六）年二月末までは…。

その間、深山会頭は地元をはじめ、中国地方の経済界を代表して広域観光の推進や、行政と一体となって取り組んだG７広島外相会合や、それに次ぐオバマ米大統領の広島平和記念公園訪問など、戦後七十一年の歴史に大きな足跡を残した。もちろん会議所単独ではなく国策によるところが大きいが、そうした状況に際して地元経済界を代表して取り組んだことは記して置くべきことだろう。特に国際平和文化都市を標榜する広島市にとっては、そうした糧を次代にどのように繋いでいくか、経済界も課題を抱えていることには変わりない。

信末一之
（広島商工会議所副会頭）
（中国電力常務・後の副社長）

金井誠太
（広島商工会議所副会頭）
（マツダ副会長・後に会長）

会頭選考はいつの機会にも経済界の関心を集めるが、それでも深山会頭の二期目は、課題への解決の糸口が見えていないこともあり、再任することで解決への期待を託した。二期目の深山体制は、副会頭に金井誠太（マツダ代表取締役副会長・後に会長）、信末一之（中国電力常務取締役・後に副社長）、青木暢之（中国放送社長）が新任され、蔵田和樹（広島銀行専務取締役）と佐々木尉文（お多福グループ会長）が留任してスタートした。

そして平成二十八年三月末にはサッカースタジアム建設地の最終候補地に宇品みなと公園に結論をだして、次期会頭に引き継ぐ思いを持っていただろう。

ところが平成二十八年三月三日にサンフレッチェ広島から「仮に、会議所等がスタジアムの建設場所を南区の宇品みなと公園に決めても、採算的に無理で使用しない。適地は旧市民球場跡地である」と会見したこ

湯﨑英彦（広島県知事）

青木暢之
（広島商工会議所副会頭）
（中国放送社長）

久保允誉
（サンフレッチェ広島会長）
（エディオン会長兼社長）

とで状況は一変した。すでに会議所は宇品地区で会員意見を集約する方向であったことから、会議所の総括方法に疑問が呈される局面もあった。

こうした状況に鑑み、本来ならば深入りしない深山会頭は、サンフレッチェを含めた四者での合意点を見出すために仲介に乗り出した。

湯﨑英彦県知事、松井一實市長、サンフレッチェ広島の久保允誉会長と深山会頭は、広島のトップリーダーたちであるが、広島出身で地の利もあり知人の多いことも幸いであった。そうなると経過を熟知している深山会頭に続投

渡部伸夫
（広島商工会議所副会頭）
（中国電力副社長）

稲本信秀
（広島商工会議所副会頭）
（マツダ専務）

を要請し、建設問題の方向性に目処を付けてもらおうとする流れが生まれた。しかし歴代の会頭で三期以上を務めたのは広島銀行の頭取・会長を務めた旧大蔵省出身の橋口収以外になく、三期には大きな壁があった。

深山会頭にしても、六年前に大田会頭から推薦された時、球場跡地の活用策と会議所の建て替え問題には目処を付けて欲しいとの意向が引き継がれていたと推察できる。会頭選考委員会も他の候補者にも接触したようだが了解を得られず、広島ガスに対して深山会長の三期会頭職の受託を要請し、広島ガスは役員会で了承したことで平成二十八年十一月一日、臨時議員総会で三選が決定した。

続いて十一月十一日の臨時総会で副会頭に稲本信秀（マツダ取締役専務執行役員）、渡部伸夫（中国電力代表取締役副社長執行役員）、廣田亨（広島銀行取締役専務執行役員）、木村祭氏（ヨンドシーホールディン

木村祭氏
（広島商工会議所副会頭）
（４℃ホールディングス会長）

廣田　亨
（広島商工会議所副会頭）
（広島銀行専務）

グス代表取締役会長）、田中秀和（田中電機工業代表取締役会長）の五人が選任された。課題は明確で、サッカースタジアム建設に向けて候補地の目処を付けることと、会議所ビルの建て替えに取り組むことである。それには偏に会頭のリーダーシップにかかるところが大きいが、異例の三期を託した以上、地元経済界は建設的な議論を一体となって進めることが求められる。

平成三十（二〇一八）年晩秋になって、会議所ビルの移設・建設問題に進展が見られるようになった。同年十月二十四日、広島市の商業施設や官公庁が集中する中区紙屋町・

田中秀和
（広島商工会議所副会頭）
（田中電機工業会長）

八丁堀地区の一六一㌶《ヘクタール》が国から「都市再生緊急整備地域」に指定されたことが転機になっている。平成十五（二〇〇三）年にはJR広島駅周辺が整備地域指定を受け、駅周辺の再開発が進展し、完成過程を県市民の前に披露してきた経緯もある。

地域指定を受ければ、エリアの容積率の緩和や税制面での優遇が受けられて、その地域の開発が容易になる利点がある。こうしたメリットを活かそうと会議所は平成三十年三月末、広島市、広島県と共に「都市再生緊急整備地域検討協議会」を設け、同年九月には同地区の再開発事業の核となる施設に会議所ビルの移転・建て替えを検討してきた。深山会頭も「会議所が中心となって市中心部の再開発を引っ張っていく」姿勢を鮮明にしている。課題が一歩前進したがこれからの残り任期一年弱の間に、会議所常議員会・議員総会での承認を得て、複合ビルも選択肢に入れた連携・資金調達スキームなど課題は多いが、三期目の任期の仕上げとして深山会頭のリーダーシップが期待される。

戦後七十八年を迎えたが、時代の変化は更にスピードを増している。今日の広島経済界の構築に大きな働きと役割を果たした二葉会の歩みを追ってきたが、創立者時代を終えると、その後の活動は商工会議所運営の中に大きく組み込まれているので、会議所運営に紙面を割くことになったが、広島経済界の一面を記すことで中締めとする。

第4章　令和時代の二葉会

時代は平成から令和へと移りゆく。令和時代に入ってからの二葉会にまつわる動向の一端を記しておきたい。

先人の足跡

大正・昭和に生を受け、平成時代に広島の地域振興に貢献した先人の鬼籍入りが続いた。限られた情報ではあるが先人の足跡を追憶しておきたい。

中国電力

新元号の公表直前の2019（平成31）年3月13日、中国電力の社長・会長を務めた多田公熙が、95歳で亡くなった。多田は1947（昭和22）年に前身の中国配電に入社。1989（平成元）年に社長、1995（同7）年に会長に就いた。1995年から中国経済連合会会長として中国地方全体の振興に情熱を捧げ、幅広い人脈と人柄は新球場建設に向けた経済界の意向集約に遺憾なく発揮された。4月24日に開かれた「お別れ会」には約700人が参列して故人を偲んだ。

同じく中国電力の社長・会長を務め、2001（同13）年から中国経済連合会の会長を務めた高須司登が２０１９（令和元）年８月１日、87歳で死去した。中経連会長時代には、道州制の導入を提言し、中国・四国地方の総合的な発展策として、日本海、瀬戸内海、太平洋の三海と、中国山地および四国山地を貫く「三海二山交流圏構想」の促進に力を注いだ。９月26日開かれた「お別れ会」には約６００人が参列して故人を偲んだ。

同年８月11日には、福田督が77歳で死去した。福田は中国電力の副社長時代、同社として実に34年ぶりに現役副社長として商工会議所の副会頭に就任し、地域社会に貢献する積極的な姿勢として評価された。もちろん個人の判断ではなく、当時の社内事情もあり、多田相談役や高須会長などの全社的な判断であったであろう。

特に副会頭時代には新球場建設担当を務め、「苦渋の選択」をして建設場所を旧球場跡地から広島駅近くの旧ＪＲ貨物ヤード跡地へ大きく舵取りをしたことで知られている。任期途中に社内事情で同社の社長を経ずして代表取締役会長に就き、中国経済連合会の会長も務めた。会長時代に中国地方５県の知事と経済界で構成する中国地域発展推進会議の発足に尽力した。私が取材した時「地方の発展なくして国の発展なし」が信条だとして揮毫《きごう》していただいたことがあるが、そんな人柄だった。11月５日に開かれた「お別れの会」には約８００人が参列した。

令和５年を迎えた２０２３（令和５）年３月16日付の地元紙は、元社長の白倉茂生が２月25日、87歳で死去したことを報じた。白倉は１９５９年中国電力に入社。副社長、原子力立地推進本部長を歴任し、２００１（平成13）年６月に社長に就任。発電設備における不適切事案が混迷を深め、２００６（同18）年６月に退任して相談役。退任後は中電の社長経験者で唯一会長はもちろん、中国経済連合会会長にも就かず、山口大学の客員教授に転身している。

この混迷が地域社会に与えた影響は大きく、本来であれば地元紙などは死去に際して業績なども併せて報じてきているが、白倉の場合はそれがほとんど見られない。しかも死去後18日を経て報道されていることからも混迷の深刻さがうかがえる。


中経連会長に共通するのは、広島の枠を超えて常に中国地方の活性化に強い視点を持ち合せていたことである。それぞれインタビューにも気軽に応じて持論を展開された。

中国新聞社

中国新聞社の山本治朗社主兼代表取締役会長が２０１９（令和元）年７月26日、70歳で死去した。１９９２（平成４）年６月10日に父である朗社長から引き継いで中国新聞社の５代目社長に就任。その後会長兼社長を務め、２０００（平成12）年３月からは社主兼代表取締役会長として、広島及び中国地方の情報発信の中核企業の役割を担い地域活性化に大きな貢献を果した。

新球場建設の検討会には非公式会合の段階から参画し、実現に大きな導きを果したと伝えられている。そうした貢献に対して広島東洋カープは2019年10月22日、マツダスタジアム内の選手がロッカールームに向かう通路に顕彰銘板を設置して感謝の意を表している。銘鈑には「私たちは忘れない。新球場建設に対する、あなたの力強い後押しを」「私たちは忘れない。いつも見守り、時には代弁者になってくれたことを」と刻んである。

同年9月18日に開かれた「お別れの会」を前に、湯﨑英彦県知事から従四位の位記が伝達され、会場には各界から約1600人が参列して故人を偲んだ。2018（平成30）年12月28日に広島市西区の料亭で開かれた平成時代最後の二葉会の恒例の忘年会にも出席し、「二葉会のあゆみ」発行への協賛に合意していただくとともに、記念写真に納まって退席されたと聞いている。

なおこのような感謝の銘板が、マツダスタジアム内に設置されている人物はほかにもいる。同じように新球場建設促進会議の座長として、地元財界や行政の意見集約に向け重鎮の役割を果たした中国電力の多田公熙相談役と、広島銀行会長時代に商工会議所会頭として経済界の建設資金募集に奔走した宇田誠元会頭の2人である。

二葉会活動には直接関係ないが、中国新聞社を経営する山本家にとって象徴的存在であった山本信子が、98歳で死去したのが2022（令和4）年4月29日だった。信子は故山本朗元中国新聞社会長の夫人で、故山本治朗元中国新聞社社主兼会長の御母堂である。三次市の金井家から嫁ぎ、1998（平成10）年から2014（同26）年まで広島国際文化財団理事長を務めるなど山本家の要の役割を果たした。現慶一朗社主には祖母に当たり、5月1日の家族葬は次女の幸子《ゆきこ》を喪主に執り行われた。

マツダ

生え抜き以外で初のマツダ社長に就任した古田徳昌元社長が91歳で鬼籍に入ったのが2019（令和元）年9月9日である。二葉会の会合への出席メンバーは各社のトップが務めるしきたりになっていることから、古田社長に触れておく。

古田は通産省（現経済産業省）貿易局長などを経て1985（昭和60）年10月、マツダに顧問として入社。専務を経て1987（昭和62）年12月社長に就任した。在任中には国内販売5チャネル体制を導入した。「ル・マン24時間耐久レース」で日本メーカーでは初めて総合優勝を果たした社長になった。1991（平成3）年12月に退任して副会長。翌年12月、会長に就任し3年半務めて、2001（同13）年から名誉相談役。

その間1992（同4）年4月から、Jリーグの発足に伴い、初代のサンフレッチェ広島の社長に就任した。2019（令和元）年11月18日、広島のホテルで開かれた「お別れの会」には約500人が参列した。

一方マツダの人物ではないが、オイルショック後のマツダの経営再建にメイン銀行として大きな役割を果たした、住友銀行（現三井住友銀行）元頭取の巽外夫が2021（同3）年1月31日、97歳で死去した。巽とマツダとのかかわりは1975（昭和50）年、オイルショックで経営難に陥った東洋工業（現マツダ）を担当する融資第二部の部長に就任したことから始まる。

その後はフォードとの資本提携に道筋をつけ、再建の基を構築した。1996（平成8）年から3年間マツダの社外取締役を務めた。コロナ禍の中、2021（令和3）年5月27日、東京のホテルで開かれた銀行主催の「お別れ会」には約900人が参列して人柄を偲んだ。

広島銀行

令和に入って4年、元広島銀行の頭取・会長を務めた高橋正《しょう》名誉顧問が2022（令和4）年5月28日、83歳で死去した。初代のニューヨーク支店長を務め、宇田誠頭取を継いで2000（平成12）年頭取に就任、バブル崩壊後の不良債権処理に目途を付け業績の回復を進めた。

会長在任中には広島商工会議所の会頭就任への期待の声が高まったが、就任要請に出向いた会頭選考委員に対して「銀行の仕事があるので、会頭は引き受けない。仮にこのことで広銀が責めを負うのであれば、その責めは私一人で負います」と頑なに拒否の姿勢を崩さなかったと伝えられている。なお当初銀行が予定していた「お別れの会」は諸般の事情により中止された。

商工会議所新体制

２０１０（平成22）年12月、大田哲哉会頭（広島電鉄会長）の病気による退任を受け、急遽広島商工会議所会頭に就任した深山英樹（広島ガス会長）は、橋口収元会頭に次いで広島経済界では例外的に会頭を３期務めた。２０１９（令和元）年７月12日の商工会議所議員総会で、「今期をもって退任させていただきたい」と退任の意思を表明した。

任期９年目を迎え後任人事が焦点になっていたころ、巷では同年４月に広島経済同友会の筆頭代表幹事の任期を終えたばかりの広島銀行会長の池田晃治を後任会頭に推す声が高まっていた。そうした状況下、７月12日の商工会議所議員総会で深山会頭は、（広島銀行の池田会長から）「11月の議員総会で選任されれば受けるとの返事をいただいている」と報告し、池田の会頭内諾を公にした。なお、同日現職副会頭人事の一部の異動も承認された。深山自身は会頭選任の緊急事態から９年、肩の荷を下ろした思いは強かっただろう。

副会頭人事の一部とは、中国電力副社長の渡部伸夫副会頭が社内の定期人事異動による副社長退任に伴い副会頭を辞任したことである。後任に中国電力の取締役常務執行役員の重藤隆文が就任。この人事は次期池田体制下の副会頭職を中国電力が継続して務めることをも意味した。

２０１９（令和元）年11月１日、商工会議所臨時議員総会において満場一致で会頭就任が承認された池田広島銀行会長は、サッカースタジアム建設について「一帯の人の動きが変わり、起爆剤となる。経済界の期待は大きい」とし、マツダスタジアムとともに「両輪となって広島を活性化できる」と話した。商工会議所ビルの建て替え移転については「中心地にあり、賑わいが生まれる。市のランドマークともなるものができれば」と多機能構想を示した。

会議所の本来の使命である中小企業や小規模事業者の支援に向けては「膝をつきあわせて相談できる体制を強め、「利益感がある商議所」を目指すと抱負を述べた。

同年10月18日会頭として最後の定例記者会見で深山会頭は、「(任期中)地域の企業の発展やにぎわい創出へ取り組んできた」と総括し、市民の関心も強いサッカースタジアム建設に向けて仲介役を担い中央公園自由・芝生広場を予定地とする道筋を付けたことに感慨を滲ませた。同時に懸案事項であった商工会議所ビルの移転にも広島の都心開発事業と一体化して進める方向性に目途を付けたと、安堵感をみせた。

池田体制のスタート

2019(令和元)年11月11日、リーガロイヤルホテル広島で開かれた商工会議所の臨時議員総会で5人の副会頭が承認されて、池田晃治会頭体制がスタートした。新会頭には池田晃治(広

池田晃治
（広島商工会議所会頭）
（広島銀行会長）

小飼雅道
（広島商工会議所副会頭）
（マツダ会長）

島銀行会長・66）、副会頭には、小飼雅道（マツダ会長・65）、重藤隆文（中国電力取締役常務執行役員・62）、椋田昌夫（広島電鉄社長・72）、宗兼邦生（フレスタ社長・66）、佐々木猛（広島魚市場社長・65）が就任した。

同時に深山体制が始まった9年前、就任間もなく退任した高本友博専務理事の後任に就任し、深山会頭のもとで専務理事を務めてきた谷村武士が退任した。後任には中小企業振興部長兼務で事務局長を務め、前年4月から専任事務局長を務めていた植野実智成が就任した。

この人事で注目されるのは、同じ広島銀行会長で会頭を務めた宇田誠が構築した正副会頭御三家体制が堅持された事であろうか。御三家とは現在ではマツダ、中国電力、広島銀行を指し、宇田、大田、深山会頭時代へと継承されてきた体制のことである（かつての御

椋田昌夫
（広島商工会議所副会頭）
（広島電鉄社長）

重藤隆文
（広島商工会議所副会頭）
（中国電力副社長）

佐々木　猛
（広島商工会議所副会頭）
（広島魚市場社長）

宗兼邦生
（広島商工会議所副会頭）
（フレスタ会長）

三家は、東洋工業、山陽木材防腐、中国醸造のオーナーを指した)。それと同時に特筆すべきはマツダの社長、会長経験者が副会頭就任を了解したことであろう。

これまでマツダはオイルショックのころまでは総務部長クラスが会議所の職責を務めていたが、郷心会発足以降は専務、副社長クラスに格上げされた。副会頭就任後にマツダの会長に昇格した副会頭はいたが、社長を務めた後に代表取締役会長に就任した現役会長が会議所の副会頭に就任したことはなかったはずである。

再建社長として知られている山﨑芳樹が会頭を務めたのは社長を退任して相談役となってからで、小飼副会頭就任とは意味合いが異なる。もちろんマツダにも郷心会活動を通して地元企業、社会との連携を無視できない事情があったかも知れない。このような異例の人事が実現したことには、ひとえに会議所が大きなプロジェクトを抱えている事情があり、池田会頭のリーダーシップへの期待が窺われる。広島電鉄の椋田社長を推す声も一部にはあったが、池田会頭が浮上すると副会頭を引き受けることで社会貢献する道を選択したのであろう。

宗兼社長は9年前にも一部で副会頭候補に浮上した。だが、丁度そのころ、広島県が再開発した宇品地区にフレスタが進出した際、同地区を同業者には売却しないとの約束だったのに、開発区画の販売に苦慮する県が同業のイズミに売却したことから県と対峙していたため、副会頭推薦を遠慮したとの経緯が伝えられていた。現在はそれらの事情も片付いていることもあるが、その後の議員総会や、新年互礼会での宗兼社長の席とりを眺めれば副会頭への意欲が窺われた。

佐々木社長は慣例に従い商工センターの枠から選出されたものであろう。重藤は既に7月12日の総会で、中国電力選出の副会頭に就任しており、同社も企業として引き続き副会頭を務める意向を示していたので、形式的には再任となるが実質は新任（翌年6月、中国電力副社長に昇格）と同じでよいだろう。


新体制スタートに際して池田会頭はサッカースタジアム建設や商工会議所ビル建て替え・移転を最大課題に取り組むことになる。会見では「副会頭は広島を代表するオンリーワンの経営者の皆さんで、経験が豊富。広島を一緒に変えるのに協力してほしいとお願いした」と選出事情を語っている。工業振興を担当する小飼副会頭は、産学官の連携や人材育成を通じて「ものづくりが集積する地域の更なる発展へと取り組みを進める」と話した。スタジアムと会議所の移転を担当する重藤副会頭は「いよいよこれから実現するという段階に来ている。皆さんの知恵や議論をいただきながら結論に向けて努力したい」と意気込みを述べた。

椋田副会頭は交通体系の整備やまちづくりの推進を担当。宗兼副会頭は小売業や観光振興、佐々木副会頭は中小企業の振興をそれぞれ受け持つことになった。

こうして発足した池田体制、広島人とすれば中国地域の中枢都市の経済団体の新人事として報道されるはずだが、現実はそこまで甘くないようである。例えば、総会を報じるはずの11月12日付の朝日新聞、産経新聞の広島版には一行も報じられていない。もちろん後日触れられることにはなるが、広島人とは受け取り方に差異があり、中国地方の中枢と言われながらも中央紙の目線に叶わない地元からの情報発信の脆弱性を感じさせられた。

正副会頭の顔見せ

2020（令和2）年1月6日、リーガロイヤルホテル広島で開かれた商工会議所が代表世話人を務める「新年互礼会」には、過去最高の1730人が出席した。会場には地元広島では次期総理大臣との期待が高まっている岸田文雄自民党政調会長もSPを引き連れて出席。参加者の多さはやはり会頭出身母体である広島銀行の地域経済に対する影響力を示すものに他ならないと見受けられた。

会場ではマツダの現役会長が副会頭に就任したことが話題になり、やはり池田会頭の押しが強かったのだろうとの囁きが聞こえた。宗兼副会頭は、これまでも何回か副会頭候補に挙げられたが、メイン銀行から要請されたら従わざるを得ないからね、と言うが本人は満を持していたように見えた。

また前副会頭の田中秀和（田中電機工業会長）はオーナー経営者として再選を覚悟していたようで、いよいよ地元中小企業の情報化に貢献する意欲に満ちていたが、御三家体制を維持することや、業界ごとの代表者を選出する慣例から再選されなかったことに心残りがあるように思えた。

企業にはオーナー経営者が少なくなったことで地域活性化を推進するリーダーシップに課題があると指摘する声が上がっているのも事実である。

二葉会主催の互礼会　19年ぶり復活

２０２０（令和２）年１月16日、広島県出身の国会議員、県出身の経済人を対象に、東京・新喜楽で二葉会が主催する新年互礼会が、実に19年ぶりに復活した。橋口收会頭が二葉会主催の中止の口火を切り、後任の池内浩一会頭時代に実現したことであるが、二葉会主催を経済４団体に移すことで経費の分担を実現することは出来た。二葉会企業は経済４団体でも主要メンバーを務めており、経費の分担にはなったが、一方ではそのことで、とりもなおさず二葉会の存在感を薄めることになったのも否めない事実であった。

復活に向けての動きがあるのを平成時代最後の正月ごろには聞いていたが、その動きが翌年には実現したことになる。当時、二葉会企業の担当者の中には、二葉会のメンバー企業であることの存在意義、地元貢献の事実を如何に社員に伝えるか、自ら声高らかに言い触らすことではないし、思案しているとの声を耳にしたことがある。特に近年は二葉会としての地元貢献を商工会議所の活動を通じて果たしているのが常態化していたこともあり、世間では二葉会の活動自体が中止されたくらいに受け取っていた人も少なくなかったようである。

復活という事は広島にかなりのインパクトを与えたようである。私の取材に対し広島市の松井一實市長は「二葉会が活動を休止していたが、今年から再開した。1月の東京での互礼会には出席した。二葉会の地域社会に対する気持ちは貴重」と関心を語り、二葉会の地域貢献スピリッツを訴えて、広島の都市活性化に向けて経済界とより連携して行きたいと話していた。

土地信託事業の後始末

広島県がバブル期の1992（平成4）年に鳴り物入りで実施した土地信託事業の「広島クリスタルプラザ」が行き詰まり、清算を余儀なくされた。その不動産物件に3社が競合入札し、2020（令和2）年3月6日、最高額で入札したのがフジタである。購入価格は地主の広島県が設定した最低評価額33億6000万円の約1・8倍の59億8800万円だった。クリスタルプラザの2019（平成31）年3月末時点の借金は69億2600万円で、その結果、その後の賃料収

入なども あり広島県の最終的な損失は９億円を下回るまでに圧縮されることになった。
クリスタルビルは当時、同社広島支店の並びに所在し、百メートル道路に面し立地条件が良く、２０２２年４月以降はいろいろな活用策も考えられただろうが、創業地の広島の地域の発展に貢献しようとする思いが無かったとは言えないだろう。補足ながら、フジタは２０２１（同３）年４月に広島支店を中区幟町のテナントビルに移転。旧支店地区には再開発が検討されるエリアが生まれることになる。

フジタが「広島本店」設立

こうした地元貢献の姿勢をフジタはより明確に打ち出した。２０２１（令和３）年４月１日付けの本社の機構改革で、社長直轄組織として広島支店内に「広島本店」を設立したのである。

同日付けの同社のニュースリリースによると「当社創業の地・広島における認知度を高めると共に、地元有力企業との関係の深耕や地域への貢献を通じて広島支店の事業活動を支援するため、広島本店を社長直轄組織として新設する」と二葉会を通じての地元貢献を明言している。

この動きを一カ月後に中国新聞が追い、報道している。多尾敏朗取締役常務執行役員を含めて７人体制で取り組み、「戦後に二葉会メンバーとして地域から得ていた信頼を復活させる。最終的に仕事に結びつけばいいが、まずは利益を追求せずに人間関係を築いていく」と語り、二葉会メンバーとして令和の初頭に広島が抱えている都市の振興、すなわち市中心部の再開発協議会への参加や自治体との災害協定の締結、スポーツ団体の支援などへの取り組みを披露している。

もともとフジタは、Jリーグの「ベルマーレ平塚」（現湘南ベルマーレ）のオーナー企業だったこともあり、創業地で地域貢献活動への姿勢を明らかにしたことになろうか。

サッカースタジアム基本計画

深山英樹前会頭時代にサッカースタジアム建設の方向性を決めてバトンタッチされた池田晃治会頭は２０２０（令和２）年1月30日、スタジアム建設を検討する広島県、広島市と商工会議所の三者会談を開いた。オブザーバーにサンフレッチェ広島の久保允誉会長も同席した。

四者が了承してまとめた基本計画の素案によると、建設場所は中央公園広場の西側で収容人員は3万人。すべての観客席を屋根で覆い、総事業費は当初１９０億円としていたが、資材費や人件費の高騰、埋蔵文化財の発掘費用などを見込んで２３０～２７０億円とした。それらに基づき同年3月30日に基本計画を決定。２０２０年度から設計を進め、２０２４（同６）年の開業を目指す方針を決めた。

池田会頭は4月以降、企業に寄付金の依頼を始めるとして「呉市や福山市の企業にも寄付を呼び掛ける。会議所としても最大限汗をかきたい」、県下あげて建設ムードづくりに力を入れるとコメントした。

松井市長は「総合的な検討を重ねるなかでやや正確な数字が分かってきた。あらためて関係者の支援をお願いした」と今後の幅広い支援に期待した。湯﨑県知事は「推進する側からネガティブなことは言えないが、県民の中には冷めた声もある」と、推進するからには広島市民だけでなく県内外から来客がある施設にする必要性を強調した。オブザーバーの久保会長も「広島らしさという面では、不十分なところがある」として、県民から広く賛同が得られる魅力的な計画の具体化を求めた。

広島市はスタジアムの設計・施工を一括発注する事業者選びに向けた審議会の初会合を2020年10月2日に開いた。審議会は専門家7人で構成し、2021（同3）年3月までに答申する方針を明らかにした。ちなみに審議会の委員長には古谷誠章早稲田大教授（建築設計）が就いた。

スタジアム募金集め

サッカースタジアム建設のために経済界の資金集めが具体的に俎上《そじょう》に上がってきたのは、2020（令和2）年9月28日の商工会議所の定例会見で、池田会頭は県商工会議所連合会、中国経済連合会、広島経済同友会、県経営者協会が連携し、広島商工会議所が窓口となって、経済界として10億円集めることを表明した。

池田会頭は、2009（平成21）年のマツダスタジアム建設時の11億5000万円を参考に一つの指標として表明した。現時点での財源の見込みとしては、事業費総額257億4000万円のうち、広島市と広島県が44億7000万円（17・1％）、国庫補助金79億8000万円（30・7％）、使用料で償還する市債27億1000万円（10・5％）、エディオン寄付30億円（11・7％）、マツダ寄付20億円（7・8％）、経済界の寄付10億円（3・9％）となる。その後、経済界の負担分に対して広島銀行と中国電力・中国電力ネットワークが2020年12月16日、それぞれ2億円寄付すると公表している。

二葉会は経済界への寄付依頼があればその半額を負担することを不文律にしてきており、この原則に従うと二葉会負担分の5億円のうち4億円の目処が立つことになる。半分の5億円を商工会議所会員企業等に依頼することになる。マツダスタジアムは宇田誠会頭時代、サッカースタジアムが池田会頭といずれも広島銀行会長という地銀の影響力を思慮して会頭選出が行われている実態が窺われる。

サッカースタジアムは２０２２（令和４）年2月1日、着工した。

中央公園広場で建設工事が進むに合わせて、機運を盛り上げようと商工会議所やサンフレなどは募金への協力を呼びかけた。その結果、同年4月25日の定例記者会見で池田会頭は、２０２０年11月から広島商工会議所が窓口になり始めた寄附金が3月末で、18億１４０４万円になったことを明らかにした。

これは目標の10億円の１・８倍になる。

これとは別にすでにエディオンが30億円、マツダが20億円の寄付を明らかにしており、広島市への個人からの寄付が3億５０００万円になり「民間として71億円を超える協力が集まった。新しいスタジアムで広島を元気にしたいという皆さんの期待の大きさを示している」と述べている。

サカスタ広場

同時に進められているのがサッカースタジアムの東西に設ける「広場エリア」の整備である。全体で８・５㌶の３分の２を占めるエリアを民間のノウハウなどを活用する「パークＰＦＩ」方式を採用し、事業費の1割（3000万円）以上を事業者が出し、残りは市と国が折半で負担する計画で、年間166万人の利用者を目指すのを条件に事業者を募集してきた。

事業者は2021（令和3）年8月31日に応募した二社のうち、NTT都市開発を代表とする10社のグループ企業に決定した。グループは2024（同6）年7月の開業を目指し、19年間の管理運営も行う。構成企業はRCC文化センター、エディオン、NTTアーバンバリューサポート、NTTファシリティーズ、大成建設中国支店、中国新聞社、日本工営、広島電鉄、UID（福山市）と代表企業の10社。

旧市民球場跡地整備

JR東広島駅貨物ヤード跡地に移転した旧市民球場の跡地の活用策は、広島市の年来の課題であったが、2021（令和3）年8月3日に広場整備と運営をする業者が決定した。隣接しているNTTの関連会社であるエヌ・ティ・ティ（NTT）都市開発（東京本社）を代表とする9社で構成する「NEW HIROSHIMA GATE PARK」である。

「世界に誇れる求心力ある市民公園」をコンセプトに、多様なイベントに対応する屋外スペースや周辺施設との回遊性を高めた広場として2023(同5)年3月末に開業した。ちなみにグループ企業は、大成建設中国支店、中国新聞社、広島バスセンター、広島電鉄、NTTアーバンバリューサポート、NTTファシリティーズ、シーケィ・テック、NSP設計の8社。

新型コロナウイルス

2019（令和元）年12月にスタートした池田晃治会頭時代は、その年の10月に消費税が8％から10％へと引き上げられたが、軽減税率制度の導入など国の経済対策もあって国内景気全体は穏やかな回復基調と捉えられ、新体制は順調にスタートすると思われた。

そこに突然襲ってきたのが同年12月初旬、中国・武漢で一例目の感染が報告された新型コロナウイルスである。日本では翌年1月15日に初の感染が報告された。経済界はもちろん、国内は大混乱に直面することになる。

広島県の湯崎英彦知事は2020（同2）年5月8日、県商工会議所連合会（池田晃治会頭）と県商工会連合会、広島経済同友会からの申し入れによって、新型コロナウイルス感染拡大を受け、医療体制の強化や企業支援などに幅広く活用するための寄付を受け付ける口座の開設を表明。早速5月14日付けで、「広島県新型コロナウイルス感染症対策寄附金」口座を設けた。

この支援活動に「売上の一部を広島県へ寄付」すると応えた企業の中にリーガロイヤルホテル

広島（田沼直之総支配人）がある。リーガロイヤルは二葉会誕生の契機になった企業で、同年３月には創業65周年を迎え、広島経済界と表裏一体で歩んできたといえる。

寄付内容は６月１日から８月31日まで、該当商品（県民限定宿泊、レストランの一部）のサービス料10％相当額の半分を寄付するもので、「…地域に根ざしたホテルとして微力ながら応援」すべく、「継続的に支援に取り組んでまいります」としている。あえて紹介するのも二葉会の側面史になるのではないかと思うからである。

１回目の緊急事態宣言（２０２０年４月７日発出・安倍晋三政権下）が延長された頃から、「ポストコロナ」が語られるようになった。例えば池田会頭は「広島県のものづくりの優位性を考えれば、令和の新たな柱に医工連携やロボットを期待したい。ロボットは使う側から作る立場に、すでに自動車関連企業が取り組んでいる」とか、「プラットフォーマーと呼ばれる巨大ＩＴ企業が広島に出現しないだろうか」と楽天やアマゾンを夢見ている。

そして「苦しいときだからこそ、地域経済の理想を本気で考えられる」「そのために若い経営者の話を聞き、考え方を知り、トンネルを抜けた先の明るさを思い描きたい」まさに「今は次に高く跳び上がるためにかがむ時期だ」と将来展望を語っている。

しかし新型コロナウイルスは次々とパンデミックを生じさせ国内外を恐怖に陥れた。広島経済界も同様だった。池田会頭は２０２０（令和２）年5月28日の定例会見でウイルス感染拡大の影響について、回復には「少し時間がかかる」との見方を示し、「コロナと付き合いながら経済活動を戻すことが大事」と強調した。特に4月のマツダの国内生産は1万１７０６台と前年同月比86・５％減となり、１９７９（昭和54）年以降で最も少ないなど厳しい状況にあることが浮き彫りになった。

そのほかに、会長に広島銀行の池田会長、理事長に中国電力から東谷法文を派遣して運営に全面的に協力している広島交響楽協会にも影響が出ている。２０２０（同２）年2月末以降、感染拡大の影響で約70公演を中止している。こうした状況に県内外から寄付の申し込みが相次ぎ、４月8日からは、「広響応援募金」を始めた。支援の輪は広がり、広島東ロータリークラブ（喜瀬清会長）が２０２１（同３）年4月7日、広島交響楽団に寄付金１００万円を贈っている。

新型コロナウイルス感染はわれらのカープにも大きな影響を及ぼした。２０２０年の決算では、新型コロナウイルス感染拡大で公式戦の入場者数が制限された影響などで、売上高が前年比83億４４８９万円減の85億５７３５万円と2年連続で減収となり、当期損失は29億３４８７万円で１９７４年以来46年ぶりの赤字計上を明らかにしている。

このほか県民の日常生活にも影響が出ている。43回の歴史を重ねて現在では広島を代表するイベントとして全国的にも認知されている「ひろしまフラワーフェスティバル（ＦＦ）は２０２０年の中止を決定した。パレードの復活を決めたのは４年ぶりになる２０２３（同５）年２月16日になる。ちなみに5月の「Ｇ７広島サミット」開催のため、ＦＦは６月10、11日の２日間に短縮した変則開催になる。

半世紀近く続いてきた「宮島水中花火大会」が中止でなく、打ち切りが発表されたのが２０２１（令和３）年４月14日である。同じく東京五輪の国内聖火リレーの広島版は、広島平和公園での無観客セレモニーのトーチキス方式で行われ、１９６４（昭和39）年の東京オリンピックの最終聖火ランナーを務めた三次市出身の坂井義則の弟もセレモニーに姿を見せていたようである。

コロナウイルス禍の影響は交通事業者にも大きな傷跡を残した。１９４７年創業の県内最大手のタクシー会社「広島タクシー」が、コロナウイルスによる外出自粛などを受け、大幅に収入減となったことで、２０２１年10月20日付で廃業した。雇用維持に向け東京などで事業譲渡先を探したが見つからなかったようだ。グループの保有台数は４００台を超えた時期もあった。事業を終えて２０２２年３月末に会社を清算した。

感染拡大は偲ぶ会の開催にも影響している。たとえばイズミの創業者山西義政名誉会長（２０２０年4月1日死去）や、アスティの大田博巳元会長（２０２０年8月11日死去）などの「お別れの会」も中止を告知している。その後、イズミは「山西義政を偲ぶ会」を２０２２年11月15日、開催した。

中国新聞社の報道体制にも影響が出た。２０２０年4月30日付け紙面には「地域面など特別紙面体制に」として「新型コロナウイルス感染拡大を受け、編集体制を一時的に見直します」と告知。正確な情報をいち早く伝えることでコロナ禍克服に立ち向かい、地元紙としての役割を果たしてまいります、と結んでいる。

コロナ発生以来、取材方法が従来通りには出来ず、その影響の大きさを知らされた。確実に紙面構成に変化が見られ、生の情報、面談の記事が少なくなって、ストック記事が多くなり、これまではここまでの扱いはされなかったような記事を目にすることもあった。その後も感染拡大は終息への糸口を見せず、紙面構成の変更告知をしてから一年後、２０２１年5月25日付で再び「地域面を特別紙面体制に」に理解を求める告知を掲載している。

感染拡大の傍証ともいえる取材制約は外部から見る以上と思えるのは、3回目の「地域面など特別紙面に」との告知が２０２１（令和３）年8月31日付にも掲載されている事でも伺える。明らかに紙面構成の変化に戸惑いを感じることもあった。

広島空港民営化

広島空港の民営化が2021（令和3）年7月にスタートした。民営化に向けての動きは深山英樹会頭時代に始まる。湯﨑県知事から要請を受けた深山会頭は会議所内に検討委員会を設け、廣田亨副会頭（広島銀行専務）に委員長を委嘱して経済界の意見集約に努めた。それらをベースに県が応募企業を募っていた。当初は2グループが応募したが、途中で三菱地所を代表とするグループが、新型コロナウイルスに伴う空港運営への悪影響を配慮して2次審査を辞退した。

同年から30年間の運営プランの妥当性を検討する8人の委員会が審査し、三井不動産を代表とするグループが国交省と優先交渉者に決定した。グループ企業を挙げておくと、代表企業に次いで、東急（東急建設、東急コミュニティー）、住友商事、九州電力に加え地元から広島銀行、ひろぎんキャピタルパートナーズ、中国電力、エネルギア・コミュニケーションズ、マツダ、広島電鉄、広島マツダ、広島ガス、中電工、県東部から福山通運の16社になる。

これにより事実上広島空港は30年間の運営民間委託が決まったことになる。民間のノウハウを生かした収益を原資に着陸料の割引などで路線網の拡充を図り空港の活性化を進めることになった。

社会の大きなインフラ整備は企業活動と表裏一体のものであるが、今回も二葉会企業の半数が参画しており、依然として基幹の役割を果たしていると言えるのではなかろうか。これまで西高東低と言われて、県東部との経済界の一体化が今一つ不足している声が聞こえたが、福山通運の小丸成洋社長が福山商工会議所の副会頭に就任し、連動して福山郷心会の会長にも就いて、広島空港の運営に積極的に参画する姿勢を表したのは大きな変化と言える。もはや県西部とか東部とか言っておれない経済・社会環境に直面しているからであろう。

補足すると、２０２１（令和３）年５月に福山通運が大株主の近鉄グループホールディングスから約17％の自社株式を買い取っている。かつて福山通運は業態拡大に合わせて資金調達の一環として近鉄グループと関係強化を図っていた。17％と言えば影響力の強い株主である。その近鉄が福通の株式を手放したのは言わずもがな、新型コロナウイルス感染の影響で主力の輸送、ホテルなどへの影響が大きく、グループの財務体質改善のためだったとしても、福山通運の経営にとっては大きな意味があることになる。

特別目的会社「広島国際空港」（資本金37億５０００万円）は２０２０（令和２）年12月18日、国土交通省からターミナルや滑走路一体の30年間の運営権を１８５億円で購入した。30年後の乗客数は２０１８年比で２倍近い５８６万人を目指す。実際の民営化を前に２０２１（同３）年２

月1日、先行して空港ビルの運営を始めた。将来的にはアジアを中心に30路線、年間586万人の乗客数を目指すと言う。

完全民営化は同年7月1日にスタートした。

初日には午前7時台の羽田行きと8時台の羽田からの到着便でイベントが行われ、八天堂のクリームパンなどを贈り、到着便を放水アーチで迎えた。

民営化を広島の活性化の起爆剤にしようとする経済界の意向を反映し、正式移管の直前の6月24日、広島銀行は「広島国際空港」に対して総額326億5000万円のシンジケートローン（協調融資）を組んだと公表した。出資団には、株式出資企業である広島銀行が幹事を務め、山陰合同銀行、もみじ銀行、山口銀行、西京銀行、広島信用金庫、呉信用金庫の7行と、民間資金等活用事業推進機構（東京）が参画した。広島国際空港の拠点性を高め、中国地方の玄関口にすることを目的にしており、中国地方商工会議所連合会会頭を務める広島銀行会長の池田会頭が、県外の中国地方の金融機関へも参加を呼びかけ経済界のリーダーシップを果たした。

都市再生緊急整備地域

2020（令和2）年9月28日の商工会議所の定例記者会見で池田晃治会頭は、それまで「都市再生緊急整備地域」に指定されていた広島市の一部が「特定地域」へ格上げされると決まったことについて「中四国初。広島の中枢性を国に認めてもらった」、「開発の追い風になる。国際競争力の強化に有効」とした上で、サッカースタジアム建設など、都市機能の充実につながると語った。

広島市の中心市街地の再開発にとって該当地区が「特定地域」に指定されたことは、広島商工会議所の10余年来の課題であった移転・新築に目途がつくことになった。池田会頭は2021（同3）年7月12日の議員総会で、商工会議所ビルと広島市市営基町ビルを財産交換する契約を8月1日付で締結したと報告し了承を得た。

会議所ビルは土地を含めて24億9100万円と、駐車場は交換対象土地も併せて24億5700万円と評価し、差額の3400万円は広島市が会議所に支払い交換する。2021年度に都市計画を決定し、2023年度ごろに着工、2027年度の完成を目指すことになった。

広島都心会議

このような都心のまちづくりに取り組む組織として、2021（令和3）年4月7日、「広島都心会議」（Urban Hiroshima Meeting）が発足した。会議は広島経済同友会の都市機能委員会（現まちづくり委員会）の活動の延長にあり、同友会の面目躍如と言えよう。会長には「まちづくり委員会」の委員長を務めている椋田昌夫広島電鉄社長（会議所副会頭）、副会長にひろぎんＨＤの部谷俊雄社長と広島ガスの田村興造会長（経済同友会筆頭代表幹事）が就任。顧問に湯﨑英彦知事と松井一實市長、池田晃治会頭が就いた。

発足当初37社の正会員、20社の賛助会員、特別会員３社に、オブザーバーの広島県と広島市で構成する。発足に際して椋田会長は「活動している各地の団体（※７つのまちづくり団体がある）と行政の調整役として、これまでにない新たな立場でまちづくりをする。都心活性化への補助エンジンになる」と抱負を述べるとともに新型コロナ感染を受け「一極集中的な都心でなく、計画的に回遊しやすい街につくり替える必要がある」と、提言した。

社名変更

社名には時代の変遷を映す側面があり、二葉会発足後の社名変更を確認しておく。１９２３（大正12）年設立の広島無尽㈱が戦後の１９５１（昭和26）年に㈱広島相互銀行、１９８９（平成元）年に㈱広島総合銀行、さらに２００４（平成16）年５月１日付けで㈱せとうち銀行と合併し現在の㈱もみじ銀行へと変遷。２００６（平成18）年10月１日付けで山口ＦＧの傘下に入った。

1970（昭和45）年3月に広島瓦斯㈱が広島ガス㈱に商号を変更している。続いて1971（昭和46）年に㈱藤田組がフジタ工業㈱、さらに1990（平成2）年に㈱フジタに変更。

1984（昭和59）年5月1日付で東洋工業㈱が㈱マツダに変更。

1990（平成2）年に中国電気工事㈱が㈱中電工に変更。

そして1991（平成3）年に山陽木材防腐㈱が創業70周年を機に㈱ザイエンスに変更している。

令和に入った2021（令和3）年3月9日付けで、1918年設立の中国醸造㈱が新社名を「㈱サクラオ・ブルワリー・アンド・ディスティラリー」（略称サクラオB&D）に変更した。変更意図について白井浩一郎社長は、「2017年12月に稼働した蒸溜所で製造したシングルモルトウイスキーを本格販売するのに合わせるとともに、本社のある廿日市市桜尾でも酒造りを続けるという決意を込めて決断した」と今後の主力商品になるウイスキーに対する期待を込めて話している。

さらに、今後10年をめどに現在の30億円の年間売上高を50億円にする目標を掲げ、そのためにも輸出割合を3割から5割に引き上げるとしている。

社名変更ではないが、中国電力㈱が2019年（令和元）年4月、電気事業法の改正に伴い、分割会社「中国電力ネットワーク㈱」を設立している。

広島銀行は２０２０（同２）年10月1日付けで、持株会社「㈱ひろぎんホールディングス」を設立し、事業会社の広島銀行とグループ全体の経営戦略の立案や執行、ガバナンスの確立をする体制を整えた。

二葉会企業ではないが、広島市公会堂建設にも協力した石﨑本店は、２０２２（令和４）年1月に持株会社「㈱石﨑ホールディングス」（石﨑泰次郎社長）へ移行し、それまでの石﨑本店は車部品事業に特化して、新社名を「㈱ペンストン」に改めた。建材事業を行う新会社は「㈱石﨑本店」として、独立性を高めることにした。

田中好一伝

㈱ザイエンス（旧山陽木材防腐）は、２０２２（令和４）年5月に創業１００周年を迎えるのを機に、同社の中興の祖である田中好一元会長の人物像をまとめたものを制作する構想があることが前年5月に連絡があった。二葉会結成に大きな役割を果たした田中元会長が亡くなって40年（１９８１年7月9日、87歳で死去）、現在の経済人にとってはもはや伝説の人の部類に入るかも知れない。面識のある人も少なくかつ高齢で、何もかも手探りの状態から取り掛かることになる。

社内にも好一に面識のある人物が限られていることなどから、「二葉会のあゆみ」を発行した縁で荒井浩社長から協力要請を受けたのが２０２１（令和３）年6月8日である。これもご縁と所蔵の昭和30年代からの月刊誌のバックナンバーを中心にインタビュー取材記事、対談、鼎談記事等出来るだけの資料を提供した。

荒井社長は田中隆行会長の娘婿であり、好一は曾祖父に当たる。それだけでなく祖父の真一郎元社長とも面識はないかも知れない。その荒井社長が創業１００周年を機に広島の戦後復興に尽力した曾祖父の足跡を再認識する方針を表明したことは、田中家の伝承にとどまらず、あらためて広島との結びつきを明らかにしたものと思える。

田中真一郎（山陽木材防腐〈現ザイエンス〉会長）

伝記の制作は中国新聞社ＯＢの冨沢佐一が担った。冨沢は「カープ30年」などを中国新聞紙面に連載したこともあるベテラン記者で、この年にフリーになっていたことも幸いした。以後、冨沢との交流が始まり、田中に関する手持ちの諸々の資料を提供し、下地となる情報交換も重ねた。

冨沢は官報をはじめ関わりがありそうな人物はもちろん関連資料を収集して読み込み、翌年早々から執筆に取り掛かった。限られた時間でまとめ上げ、5月27日の創業100周年を前に、「広島市名誉市民　田中好一伝『二葉会と廣島』」として刊行した。ちなみに冨沢によるとタイトルはザイエンスの希望であったとの事であるから、荒井社長の伝記に対する強い思いが窺われる。

もみじ銀行グループ

2021（令和3）年6月26日の地元紙が「山口FG吉村会長解任」と報じて、中国地方の経済界を驚かせた。もみじ銀行に関わることだけにスルーすることは出来ない。

山口フィナンシャルグループの一翼を担っているもみじ銀行は、1923（大正12）年創業の広島無尽を母体に広島相互銀行として認知され、二葉会発足以来メンバー企業として広島の戦後復興に大きな貢献を果たしてきた。特に森本亨元社長は、同社の中興の祖でもあり、中小企業経営者の相談役として人望があったことは語り草になっている。

その広島相互銀行が第二地銀として広島総合銀行となり、さらに呉相互銀行が母体の同じ第二地銀のせとうち銀行と合併し、「もみじ銀行」として中小企業金融機関の要を果たしている。現在は山口銀行を中核とする山口フィナンシャルグループを形成している経緯については、第3章平成時代の二葉会P72で概観した。

　ここで山口ＦＧの「ドタバタ劇」に触れるのは、もみじ銀行が依然として二葉会企業としての役割を果たしており、令和の二葉会の動向に該当するからである。

　時は２０２１（令和３）年６月25日、山口ＦＧの定時株主総会後、役員再任の了承を得た取締役会での出来事である。遡る５月13日の決算役員会でも会長再任を了承し、翌日ニュースリリースとして開示されていた代表取締役の吉村猛会長兼グループＣＥＯの会長の解任決議がなされたのである。

　一般的にはクーデターではと世間に注目されたのは当然のことである。時に経済活動の血液と言われる金融機関の内紛と思われるようなことは極力避けるのが信用第一を旨とする銀行の在り様とされていることからすると、異様である。ところが山口銀行ではかつて２００４（平成16）年５月にも今回と同様な解任劇が繰り広げられた。決算取締役会で当時の頭取の解任動議が出され可決されたのである。

　この解任劇を演出したのが相談役を務めていた田中耕三前頭取であったと言われていた。なぜ田中相談役の名前を出すかと言えば、この解任劇後の同年６月、取締役会で田中相談役に推されて後任頭取に就いたのが51歳で最年少取締役だった福田浩一であり、福田が高校の先輩に当たるもみじ銀行の森本弘道と交流を深めた結果、もみじ銀行が山口ＦＧの傘下に入ることになったからである。何か因縁めいているが、ここまでに留めておく。

ではなぜここまで企業内紛と思えることを記すかと言えば、吉村猛会長の解任理由に吉村の独断専行が挙げられ、その中に「FG傘下のもみじ銀行と北九州銀行を合併させるグループ再編案」も含まれていると言われているので、令和の二葉会を語るには欠かせないからである。

余分ながら補足すると、かつて広島総合銀行の頭取を務め、当時もみじ銀行の特別顧問だった森本弘道から2009（平成21）年6月5日、同行の応接室で話を聞いたことがある。日本が金融危機に陥っている時、広総の森本頭取に対して時の宮澤喜一財務大臣から「森本さんのような立派な銀行に国の資金を使ってもらえば政策上有り難い」と要請があった。

森本弘道（もみじ銀行特別顧問）

立派な銀行ならそんな要請は来ないのにと思ったが、地元の宮澤さんからのお声かけでもあることなどを熟慮して、国の資金を受け入れることを了承したが、その後は一転して厳しい返済に追いまくられた。このことが山口FG傘下に入るきっかけになったという内容だった。

混迷を深めた山口FGは、2021（令和3）年12月24日に開催する臨時株主総会で吉村猛前会長の取締役解任を予定していたが、その前日、23日に吉村取締役自身が、解任提案は承服出来ないとしながらも「自分の解任を巡る混乱で、地元の取引先などにこれ以上の心配と迷惑を掛けるのは本意ではない」として辞任届を出し、一応の結末を見た。

岸田文雄内閣誕生

２０２１（令和３）年の出来事で広島県人として慶事だったのは、10月４日に広島１区選出の岸田文雄衆議院議員（64）が内閣総理大臣に選出されたことであろう。

岸田は同年８月26日、自民党総裁選挙への立候補を表明した。しかし当初は現職の菅義偉が就任して一年未満の状況で、再選は固いものと思われていた。ところが派閥力学によって菅は出馬せず、９月29日の総裁選でトップ当選。翌10月４日の臨時国会で第１００代の内閣総理大臣に就任した。戦後広島県出身の首相はいずれも宏池会の会長を務めた池田勇人、宮澤喜一に次ぎ３人目になる。

湯﨑英彦県知事４選

コロナ禍の中で、感染拡大防止に没頭させられていた湯﨑英彦県知事が２０２１（令和３）年

9月10日、4選出馬を表明。11月24日の投開票で藤田雄山前知事とタイとなる4選を果たしたのも特筆事項になろう。

商業施設の地殻変動

個々の企業活動に見える土壌変化を断片的に記しておきたい。

十和㈱（現アスティ）を母体にするフジ（松山市）とマックスバリュ西日本（株）（広島市）が2024（令和6）年3月を目処に合併して新会社を設立し、その新会社はイオンの子会社となって、フジはイオンの傘下に入ることを公表したのは2021（同3）年9月1日である。これに先立つこと3年前、2018（平成30）年10月にフジはイオンとの資本提携を結び、15％の出資を受けていた。

その後、両社で共同持ち株会社となる新「フジ」を2022（令和4）年3月1日に設立することを、2021（令和3）年12月6日、それぞれの役員会で決めた。現フジの小売り事業は新設の「フジ・リテイリング」が引き継ぐことにした。両社の株式交換の結果、MVの7割超の株を持つイオン（千葉市）が持ち株式会社フジの親会社となった。

こうした動きと並行しながら進められていたのが、天満屋緑井店（１９９７年10月開業）のフジへの売却である。天満屋は２０２２（令和４）年6月30日で緑井店を閉店すると２０２１年9月3日、公表した。広島市内に天満屋は一時期3店舗を構えていた。戦後間もない１９５４（昭和29）年5月に、広島市の中心地に開業した八丁堀店は、２０１２（平成24）年3月に閉店、１９９０（平成２）年4月に開業したアルパーク店は、２０２０（令和２）年1月に撤退しており、県内店舗は福山市の2店舗だけになる。

地殻変動は２０２２年になるとますます表面化してきた。同年1月11日には、西区の大型ショッピングセンター「アルパーク」の西棟に、生活雑貨ブランド「無印良品」が国内最大店舗（６１００平方メートル）を開設することが明らかになった。アルパークは現在大和ハウス工業が運営しており、２０２０年1月末に天満屋が閉店して以来閉鎖していたが、今後の店舗展開のモデル店として２０２２年4月に開店した。ちなみに大和ハウス工業は現在、広島発祥で二葉会メンバーである「フジタ」の親会社になる。しかもフジタはアルパーク創業時の主要株主でもあった。

コロナ禍が事態の進展を加速させた面もあるだろうが、広島の中心地市街地を象徴する商業施設として親しまれてきた「そごう・西武」（開店時は広島そごう）の親会社セブン＆アイ・ホールディングスが百貨店の株式の売却の検討に入ったことが同年1月31日、分かったと報じられた。そごう広島店は1974（昭和49）年10月に開業し、グループの経営破綻を経て、2006（平成18）年にセブン&アイの傘下に入っていた。そごうには広島バスセンターのターミナル機能が備わっており、今後の動向が注目される。

さらに創業の骨幹を同じにする西武ホールディングスがホテルやレジャー施設などをシンガポール政府系の投資ファンドに売却する検討に入ったことが2022年2月5日、分かったと報じられ広島人の関心を集めた。と言うのも、売却予定のホテルの中に広島では一番規模の大きいホテルとして知られ、G7広島サミット誘致の場合にはメイン会場に予定される「グランドプリンスホテル広島」が入っていたからである。コロナ禍の影響も小さくないが、時を同じくして元西武系企業の経営基盤の変動が露呈してきている。まだまだ不確定要素が多い。

旧広島空港（広島西飛行場）跡地

一方、旧広島飛行場跡地で運営してきた商業施設の「広島マリーナホップ」の撤退が2022（令和4）年1月13日、明らかになった。県有地の有効活用について、現在の賃貸契約が終わる

２０２５（同7）年3月以降の活用策の公募結果を公表したことで明らかになった。新整備案は「ひろしまモビリティゲート」を採用することになった。自動車用品開発のトムスと、広島トヨペットが提案したもので、一部市有地10・５ヘクタルを含め整備事業費は約97億円。契約期間は31年間。賃料は全体で月額約５０６万円とする内容だった。

広島マリーナの敷地はマリンリゾートなどの用地として県が造成し、２００５（平成17）年3月、中四国最大級のアウトレットモールとして商業施設が開業。２０１２（同24）年からはビル管理・不動産業のみどりホールディングス（杉川聡社長）の子会社が施設の転換をしながら運営してきた。土地返却の場合は更地にすることになっている。

こうした形での公有地の賃貸契約が解約されるのは稀である。あれほどの用地を有効活用するだけの都市の消費力が無いのか、あるいは運営するノウハウが不足しているのか一概に言えないが、地域全体で振興しようとするスタンスに一抹の過不足が感じられたのだろうか。湯崎英彦知事は新案に対して「県経済の活性化に大きく貢献すると期待している」との認識を、２０２２年1月18日に示している。

ところが、事業主体として申請していた広島トヨペットから、１月の計画公表後に事業参加への辞退を申し出たことで、トムスが協力先企業を探すことになった。新たに加わるのは、マツダ、広島マツダと輸入車販売のバルコムで、共同準備室を設け「推進応援団」として広島電鉄、瀬戸内海汽船、広島国際空港と広島大学が加わることになった。マツダは「モビリティの価値を国内外に発信する中核的な役割を担っていく」としている。もちろん事業予定者の代表法人が途中で辞退したのに業者を入れ替えて事業を継続することに、県議会からも疑問の声が上がり、構成企業が替われば、公募の妥当性が揺らぐので、公募をやり直すべきではないかとの議論が出たが、県は「法的に問題ない」として承認した。

トップの交代

何時の時代も新陳代謝を行うことで組織は活性化し継続して社会的使命を果たしていくものである。令和時代のトップ人事を記しておこう。

ひろぎんホールディングス

2020（令和2）年10月1日に発足した㈱ひろぎんホールディングスは、2021（同3）年3月2日、新本社ビルの完成式を行った。新ビルは旧本店を建て替えた地上19階、地下1階で総工費224億円。同5月6日から業務を開始している。そして2022年3月8日の役員会で、部谷俊雄頭取（61）が退任し、後任に清宗一男取締役常務執行役員（59）が昇格する4月1日付の人事を決めた。部谷頭取はＨＤと事業会社との役割分担を明確にするため、６月の株主総会で広島銀行の役員を退任し、持株会社ひろぎんＨＤの社長に専念する。

従って銀行の代表権は清宗頭取と尾木朗取締役専務執行役員が持ち、ＨＤと銀行の会長は、広島商工会議所会頭を務めている池田晃治（68）が引き続き務めることになった。

苅田知英（広島県スポーツ協会会長）
（元中国電力会長）

中国電力

２０２２（令和４）年２月24日のロシアによるウクライナ侵攻を機に国内の電気料金はうなぎのぼり、世界はエネルギーの安定供給を求めてダッチロール状態にある。そんな時、中国電力は予定通りのトップ人事を決定した。同年４月28日の役員会で、清水希茂社長（70）が会長に、瀧本夏彦副社長販売事業本部長（64）が社長に昇格する６月28日付の人事である。苅田知英会長（73）は相談役に就いた。なお、同年３月期決算では３９７億５０００万円の過去最大の赤字額を計上し、年間配当も40円として、１９８０（昭和55）年３月以来50円を割り込んだ。

なお、中国電力の指定ポストになっている中国経済連合会は同年6月8日、清水中電社長の新会長就任と、6年間会長を務めた苅田の特別顧問就任を決めた。

苅田はその他にも5月25日付で、中国経済クラブの角廣勲理事長(78)の後任の理事長に就いた。なおこの人事に伴い、新副理事長に中国新聞社の社主兼取締役の山本慶一朗(39)が就任、広電の椋田昌夫社長(75)は引き続き副理事長を務めることになった。中国経済クラブは発起人が二葉会のメンバーであり、中国新聞との関係が深いこともあるが、山本の副理事長就任は2019(平成31)年3月の広島経済同友会の国際委員会委員長就任に続く広島経済界へのデビューで、経済界の配慮が伺える。

さらに苅田は同年6月16日に広島県スポーツ協会(旧広島県体育協会)の会長に選出された。前任は中国電力副社長から中電工社長、会長を務めた神出亨(76)で3期6年務めた。

ところが2023(令和5)年3月30日、中国電力は瀧本夏彦代表取締役社長執行役員(65)と清水希茂代表取締役会長(71)が、6月の株主総会で引責辞任すると発表した。前年6月に就任したばかりで突然の退任である。事情は電力販売で顧客獲得を制限するカルテルを結んだとして、公正取引委員会から独占法違反で、課徴金納付命令(707億1586万円)と排除措置命令が出されたのを受け決断したものである。

後任社長には中川賢剛常務執行役員（61）、会長には芦谷茂代表取締役副社長（66）の昇格を内定した。取締役を兼務しない常務執行役員がいきなり社長に就任するのは初めてで、社長を務めないで会長に就任するのも２例目になる。社外の経済団体の人事にも派生するだろう。さらに翌31日には、火力発電所の出力低下を公表せず、卸市場から高値で電力を調達したとして経済産業省の電力・ガス取引監視委員会から、業務改善勧告を受けたと発表した。異常事態である。

中電工

中国電力に連動して中電工のトップ人事は２０２２（令和４）年４月28日の役員会で、迫谷章社長が会長に、後任社長に中国電力の重藤隆文副社長が就く６月24日付の人事を決めた。

マツダ

令和５年を迎えた２０２３年３月17日、マツダは５年ぶりになるトップ人事を発表した。２０１８（平成30）年６月から社長を務めていた丸本明（65）が退任して相談役。新社長には毛《も》籠《ろ》勝弘取締役専務執行役員（62）の昇格を内定した。菖蒲田清孝会長（63・広島商工会議所副会頭）は続投する。６月の総会後に正式決定。

石井泰行（賀茂鶴酒造社長）

賀茂鶴酒造

二葉会企業ではないが、広島経済界に大きな貢献を果たしてきた賀茂鶴酒造のトップ人事に触れておく。２０２２（令和４）年10月１日付けで新社長に石井裕一郎副社長（56）が昇格、藤原昭典社長（70）は代表権を持つ会長に就くことを決めた。藤原社長は、ひろぎん経済研究所の理事長から賀茂鶴酒造の石井泰行に招請されて入社、専務を経て２０１３（平成25）年11月、社長に就任した。藤原の役割は、２０１７（同29）年にＮＨＫを退職して入社した裕一郎（泰行の長男）へのバトンタッチであったろう。

祖父武が元会長、実父の泰行は社長、会長、相談役を務め、その間、泰行の人脈によって広島経済界と中央の経済界との交流に大きな貢献をした。夫人春子の父親が日本画家の児玉希望であることもよく知られている。高校の後輩である湯﨑英彦が知事選に初出馬した時、まだ情勢が混沌としている時期から後援会として流れを作るのに大きな役割を果たした。西条で行われた泰行の葬儀には湯﨑が弔辞を読み、最後までお見送りをしたことでも先輩と後輩との絆がうかがえる。

池田体制2期目

２０２２（令和４）年10月末で一期３年の任期を終える池田晃治会頭（ひろぎんＨＤ会長）の動向が注目されていたが、同年９月29日の記者会見で、「議員総会で決定されれば、会頭を続けさせていただこうと考えている」と述べ、継続が確定的になった。ほぼ予想通りとみる向きが多いが、広銀からの選出にはいろいろな事情が加わった経緯があり注目された。決して対抗者がいるとかではなく、前任の宇田誠会頭が続投を望まれながら新球場建設に目途をつけ、自身の体調から一期で退任、後継に高橋正広銀会長を推す声が上がったが、頑として引き受けなかった経緯があり、巷ではいろいろ詮索されたのである。

しかし池田会頭自身はいま広島が抱えている問題、すなわち翌年のＧ７広島サミット開催、進行中のサッカースタジアム建設、商工会議所の移転ビルの建設のかじ取り役を担う決断をしたのだった。

11月１日、広島商工会議所の臨時議員総会では、予定通りに池田会頭の再任を正式決定した。池田会頭は記者会見で、「２０２３(令和５)年５月広島市で開催されるＧ７サミットに向けて「オール広島の態勢で全県的な取り組みを進めたい」サミットを開催することで広島が「トップレベルの国際会議ができる証明になる」と官民一体で取り組む考えを述べた。

菖蒲田清孝
（広島商工会議所副会頭）
（マツダ会長）

高場敏雄
（広島商工会議所副会頭）
（中国電力副社長）

続いて14日の臨時議員総会で副会頭5人の了承を得た。副会頭は次の通り。

菖蒲田清孝（63、マツダ会長）＝小飼雅道副会頭の後任。

高場敏雄（65、中国電力副社長）＝中電選出の重藤隆文副会頭の後任。

田村興造（71、広島ガス会長）＝椋田昌夫副会頭（広島電鉄社長）の後任。

田村興造
（広島商工会議所副会頭）
（広島ガス会長）

宗兼邦生（69、フレスタ会長）＝再任。

佐々木猛（68、広島魚市場社長）＝再任。副会頭に準ずる職責。

御三家体制は堅持されることになった。田村副会頭は筆頭代表幹事を務める広島経済同友会と当面兼務し、２０２３（同５）年４月には同友会の任期は終了した。ちなみに田村の後任の同友会の新代表幹事には、もみじ銀行の小田宏史頭取（61）が就任。

県内の会議所会頭

改選時期に応じて県下の会議所では新会頭が誕生している。

福山商工会議所は２０２２（令和４）年11月１日の総会で、副会頭を務めていた福山通運の小丸成洋社長（72）を会頭に選出した。福山で上場企業出身の会頭選出は31年ぶり。13年７カ月務めた林克士前会頭（80）は名誉会頭に就いた。さっそく小丸会頭は築46年になる同商工会議所ビルの建て替えについて特別委員会を設けて議論を本格化させ、１年以内をめどに方向性を決める考えを表明した。

呉商工会議所は１日の総会で、和興通信工業の若本祐昭社長（66）を新会頭に選出。11年12カ月務めた中国化薬の神津善三朗会長（82）は退任した。

3年ぶりの互礼会

コロナ禍で経済活動に制約が続いた。広島商工会議所が世話人を務める「新年互礼会」は2023（令和5）年1月4日、3年ぶりに開かれた。1社当たりの出席者を2人に限定し、772人が出席した。同様に恒例の二葉会主催の新年互礼会も1月18日、東京・築地の日本料理店「新喜楽」で3年ぶりに開催された。「首相往来」によれば、岸田文雄首相をはじめ県選出国会議員や、湯﨑英彦県知事、松井一實市長らが出席して食事会をしたとある。ちなみに中国新聞社からは、社主の山本慶一朗取締役が出席をした。二葉会の慣例が守られている一側面である。

そして2023（令和5）年5月に「G7広島サミット」が開催される令和時代の広島の前途に期待しながら筆をおく。

参考資料

○「中国新聞」（昭和五十四年九月八日・昭和六十年二月二日、平成二十七年六月二十五日、中国新聞社）
○「広島財界今昔物語」（井上洋一郎著・昭和四十二年二月、政治経済セミナー社刊）
○「原爆市長」（濵井信三著・昭和四十二年十二月、朝日新聞社刊）
○「廣島ロータリークラブ四十年史」（一九七二年、廣島ロータリークラブ刊）
○「広島ロータリークラブ創立五十周年記念誌」（一九八二年、広島ロータリークラブ刊）
○「中国放送の50年」（二〇〇二年十月一日、中国放送刊）
○「広島ガス60年史」（一九七一年十月・広島ガス刊）
○「広島ホームテレビ20年史」（平成三年三月、広島ホームテレビ20年史編纂委員会編）
○「大正生まれ　上・下」（松井五郎著・平成十年九月、松井敏刊）
○「経済リポート」（福山市御門町）
○「政治経済セミナー」（昭和三十一年八月号、昭和三十四年一月号、昭和四十一年一月号昭和四十三年五月号、政治経済セミナー社刊）
○中国新聞記事…第４章で時系列順に73カ所参考
○朝日新聞　２０１９年11月12日、２０２０年１月31日
○リーガロイヤルホテル広島ニュースリリース　２０２０年５月29日
○フジタニュースリリース　２０２１年４月１日
○広島都心会議ニュースリリース　２０２１年４月７日
○福山通運ニュースリリース　２０２１年５月14日
○広島市広報　２０２１年８月３日
○山口ＦＧニュースリリース　２０２１年５月14日、６月25日
○マツダニュースリリース　２０２３年３月17日
○中国電力プレスリリース　２０２３年３月30日、31日

あとがき

平成時代の最後に小冊子を出版するに際しご協力いただいた二葉会各社には、増補版へのご了解をいただき今回出版することになりました。本書では、第1章から第3章までの本文は変更せずに、文中に登場された方々の御真影を加えさせていただき、新たに「令和時代の二葉会」を加筆いたしました。最後にテーマに関心を寄せ、出版に向けて格別のご尽力をいただいた南々社様にお礼申し上げます。

なお資料としては時系列順に地元紙を参考にしましたが、取捨選択、表現すべては私の独断によることをご理解いただき、本文中での敬称を省略させていただき、肩書は当時のものであることをお断りいたします。

2023年3月31日

文責・上原昭彦

小冊子『二葉会のあゆみ』は発行（平成31年3月20日）に際して左記企業にご協力いただきました。社名を挙げて深謝申し上げます。

―社名五十音順―

株式会社ザイエンス
中国醸造株式会社（現㈱サクラオＢ＆Ｄ）
株式会社中国新聞社
中国電力株式会社
株式会社中電工
広島ガス株式会社
株式会社広島銀行（現㈱ひろぎんＨＤ）
広島電鉄株式会社
株式会社フジタ
マツダ株式会社
株式会社もみじ銀行

Profile
上原 昭彦（うえはら あきひこ）
昭和21年11月23日広島県庄原市生まれ。ローカル月刊経済誌及びローカル週刊経済誌を通して約50年間、広島の政治・経済・社会等をウォッチ。平成最後の年に戦後74年間の検証素材として『二葉会のあゆみ』と『郷心会のあゆみ』を出版。

装幀　スタジオギブ
本文DTP：大原 剛　角屋 克博

広島の復興と二葉会の軌跡

2023年10月30日　初版第1刷発行

著　　者　上原 昭彦
発 行 者　西元 俊典
発 行 所　有限会社 南々社
〒732-0048　広島市東区山根町27-2
TEL 082-261-8243　FAX 082-261-8647
印刷製本所　シナノ パブリッシング プレス

ISBN978-4-86489-162-2